大方廣佛華嚴經　讀誦

60

🪷 일러두기

1. 『독송본 한문·한글역 대방광불화엄경』은 실차난타가 한역(695~699)한 80권 『대방광불화엄경』의 한문 원문과 한글역을 함께 수록한 것이다. 한문에는 음사와 현토를 부기하였다.

2. 원문의 저본은 고종 2년(1865) 월정사에서 인경한 고려대장경 『대방광불화엄경』에 한암 스님이 현토(1949년)한 것을 범룡 스님이 영인 출판(1990년)한 『대방광불화엄경』이다.

3. 한문은 저본에서 누락되었거나 글자가 다르다고 판단된 부분은 저본인 고려대장경 각권의 말미에 교감되어 있는 내용을 중심으로 하고 봉은사판 『대방광불화엄경수소연의초』와 신수대장경 각주에서 밝힌 교감본을 참조하여 보입하고 수정하였다.

4. 한글 번역은 동국역경원에서 발간한 한글 『대방광불화엄경』(운허)을 중심으로 하고 『신화엄경합론』(탄허)과 『대방광불화엄경 강설』(여천무비) 그리고 최근의 여타 번역본 등을 참조하였다.

5. 저본의 원문에서 이체자의 경우 훈글이 제공하는 이체자는 그대로 살리고 훈글이 제공하지 않는 글자는 통용되는 정자로 바꾸었다. 예) 間 → 閒 / 焰 → 㷔 / 宮 → 宫 / 稱 → 稱

6. 한글 번역은 독송과 사경을 위하여 정확성과 아울러 가독성을 고려하였다. 극존칭은 부처님과 불경계에 대해서만 사용하였다.

7. 독송본의 차례는 일러두기 → 본문 → 화엄경 목차 → 간행사의 순차이다.
   (법공양판에는 간행사 다음에 간행불사 동참자를 밝혀 두었다.)

8. 독송본의 한글역은 사경의 편의를 도모하기 위해 그 편집을 달리하여 『사경본 한글역 대방광불화엄경』으로 함께 간행한다. 독송본과 사경본 모두 80권 『대방광불화엄경』의 권별 목차 순으로 간행한다.

독송본 한문·한글역

대방광불화엄경 제60권
大方廣佛華嚴經 卷第六十

39. 입법계품 [1]
入法界品 第三十九之一

실차난타 한역
수미해주 한글역

대방광불화엄경 제60권 변상도

대방광불화엄경
제60권

39. 입법계품 [1]

대방광불화엄경 권제육십
大方廣佛華嚴經　卷第六十

입법계품 제삼십구지일
入法界品　第三十九之一

이시　세존　재실라벌국서다림급고독원
爾時_에 世尊_이 在室羅筏國逝多林給孤獨園

대장엄중각　여보살마하살오백인　구
大莊嚴重閣_{하사} 與菩薩摩訶薩五百人_{으로} 俱_{러시니라}

보현보살　문수사리보살　이위상수
普賢菩薩_과 文殊師利菩薩_이 而爲上首_{하시니라}

대방광불화엄경 제60권

39. 입법계품 [1]

그때에 세존께서 실라벌국 서다림 급고독원의 대장엄중각에서 보살마하살 오백 사람과 함께 계시었다.

보현 보살과 문수사리 보살이 상수가 되었다.

기명왈광염당보살　수미당보살　　보당보살
其名日光燄幢菩薩과 須彌幢菩薩과 寶幢菩薩과

무애당보살　　화당보살　　이구당보살　　일당보
無礙幢菩薩과 華幢菩薩과 離垢幢菩薩과 日幢菩

살　　묘당보살　　이진당보살　　보광당보살
薩과 妙幢菩薩과 離塵幢菩薩과 普光幢菩薩이니라

지위력보살　　보위력보살　　대위력보살　　금
地威力菩薩과 寶威力菩薩과 大威力菩薩과 金

강지위력보살　　이진구위력보살　　　정법일
剛智威力菩薩과 離塵垢威力菩薩과 正法日

위력보살　　공덕산위력보살　　지광영위력
威力菩薩과 功德山威力菩薩과 智光影威力

보살　　보길상위력보살
菩薩과 普吉祥威力菩薩이니라

지장보살　　허공장보살　　연화장보살　　보장보
地藏菩薩과 虛空藏菩薩과 蓮華藏菩薩과 寶藏菩

그 이름은 광염당 보살과 수미당 보살과 보당 보살과 무애당 보살과 화당 보살과 이구당 보살과 일당 보살과 묘당 보살과 이진당 보살과 보광당 보살이다.

지위력 보살과 보위력 보살과 대위력 보살과 금강지위력 보살과 이진구위력 보살과 정법일위력 보살과 공덕산위력 보살과 지광영위력 보살과 보길상위력 보살이다.

지장 보살과 허공장 보살과 연화장 보살과 보장 보살과 일장 보살과 정덕장 보살과 법인

살 　 일장보살 　 정덕장보살 　 법인장보살
薩과 　 日藏菩薩과 　 淨德藏菩薩과 　 法印藏菩薩과

광명장보살 　 제장보살 　 연화덕장보살
光明藏菩薩과 　 臍藏菩薩과 　 蓮華德藏菩薩이니라

선안보살 　 정안보살 　 이구안보살 　 무애안
善眼菩薩과 　 淨眼菩薩과 　 離垢眼菩薩과 　 無礙眼

보살 　 보견안보살 　 선관안보살 　 청련화안
菩薩과 　 普見眼菩薩과 　 善觀眼菩薩과 　 靑蓮華眼

보살 　 금강안보살 　 보안보살 　 허공안보살
菩薩과 　 金剛眼菩薩과 　 寶眼菩薩과 　 虛空眼菩薩과

희안보살 　 보안보살
喜眼菩薩과 　 普眼菩薩이니라

천관보살 　 보조법계지혜관보살 　 도량관
天冠菩薩과 　 普照法界智慧冠菩薩과 　 道場冠

장 보살과 광명장 보살과 제장 보살과 연화덕 장 보살이다.

선안 보살과 정안 보살과 이구안 보살과 무애안 보살과 보견안 보살과 선관안 보살과 청련화안 보살과 금강안 보살과 보안 보살과 허공안 보살과 희안 보살과 보안 보살이다.

천관 보살과 보조법계지혜관 보살과 도량관 보살과 보조시방관 보살과 일체불장관 보살과 초출일체세간관 보살과 보조관 보살과 불가괴

보살   보조시방관보살   일체불장관보살
菩薩과 普照十方冠菩薩과 一切佛藏冠菩薩과

초출일체세간관보살   보조관보살   불가
超出一切世間冠菩薩과 普照冠菩薩과 不可

괴관보살   지일체여래사자좌관보살   보
壞冠菩薩과 持一切如來師子座冠菩薩과 普

조법계허공관보살
照法界虛空冠菩薩이니라

범왕계보살   용왕계보살   일체화불광명
梵王髻菩薩과 龍王髻菩薩과 一切化佛光明

계보살   일체도량계보살   일체원해음보
髻菩薩과 一切道場髻菩薩과 一切願海音寶

왕계보살   일체불광명마니계보살   시현
王髻菩薩과 一切佛光明摩尼髻菩薩과 示現

일체허공평등상마니왕장엄계보살   시현
一切虛空平等相摩尼王莊嚴髻菩薩과 示現

관 보살과 지일체여래사자좌관 보살과 보조법
계허공관 보살이다.

범왕계 보살과 용왕계 보살과 일체화불광명
계 보살과 일체도량계 보살과 일체원해음보왕
계 보살과 일체불광명마니계 보살과 시현일체
허공평등상마니왕장엄계 보살과 시현일체여
래신변마니왕당망수부계 보살과 출일체불전
법륜음계 보살과 설삼세일체명자음계 보살
이다.

일체여래신변마니왕당망수부계보살   출
一切如來神變摩尼王幢網垂覆髻菩薩과 出

일체불전법륜음계보살   설삼세일체명자
一切佛轉法輪音髻菩薩과 說三世一切名字

음계보살
音髻菩薩이니라

대광보살   이구광보살   보광보살   이진광
大光菩薩과 離垢光菩薩과 寶光菩薩과 離塵光

보살   염광보살   법광보살   적정광보살
菩薩과 燄光菩薩과 法光菩薩과 寂靜光菩薩과

일광보살   자재광보살   천광보살
日光菩薩과 自在光菩薩과 天光菩薩이니라

복덕당보살   지혜당보살   법당보살   신통
福德幢菩薩과 智慧幢菩薩과 法幢菩薩과 神通

당보살   광당보살   화당보살   마니당보살
幢菩薩과 光幢菩薩과 華幢菩薩과 摩尼幢菩薩과

대광 보살과 이구광 보살과 보광 보살과 이진광 보살과 염광 보살과 법광 보살과 적정광 보살과 일광 보살과 자재광 보살과 천광 보살이다.

복덕당 보살과 지혜당 보살과 법당 보살과 신통당 보살과 광당 보살과 화당 보살과 마니당 보살과 보리당 보살과 범당 보살과 보광당 보살이다.

보리당보살　　범당보살　　보광당보살
菩提幢菩薩과　梵幢菩薩과　普光幢菩薩이니라

범음보살　　해음보살　　대지음보살　　세주음보
梵音菩薩과　海音菩薩과　大地音菩薩과　世主音菩

살　산상격음보살　　변일체법계음보살　　진
薩과　山相擊音菩薩과　徧一切法界音菩薩과　震

일체법해뇌음보살　　항마음보살　　대비방편
一切法海雷音菩薩과　降魔音菩薩과　大悲方便

운뢰음보살　　식일체세간고안위음보살
雲雷音菩薩과　息一切世間苦安慰音菩薩이니라

법상보살　　승상보살　　지상보살　　복덕수미상보
法上菩薩과　勝上菩薩과　智上菩薩과　福德須彌上菩

살　공덕산호상보살　　명칭상보살　　보광상보
薩과　功德珊瑚上菩薩과　名稱上菩薩과　普光上菩

살　대자상보살　　지해상보살　　불종상보살
薩과　大慈上菩薩과　智海上菩薩과　佛種上菩薩이니라

범음 보살과 해음 보살과 대지음 보살과 세주음 보살과 산상격음 보살과 변일체법계음 보살과 진일체법해뇌음 보살과 항마음 보살과 대비방편운뢰음 보살과 식일체세간고안위음 보살이다.

법상 보살과 승상 보살과 지상 보살과 복덕수미상 보살과 공덕산호상 보살과 명칭상 보살과 보광상 보살과 대자상 보살과 지해상 보살과 불종상 보살이다.

광승보살   덕승보살   상승보살   보명승보
光勝菩薩과 德勝菩薩과 上勝菩薩과 普明勝菩

살   법승보살   월승보살   허공승보살   보
薩과 法勝菩薩과 月勝菩薩과 虛空勝菩薩과 寶

승보살   당승보살   지승보살
勝菩薩과 幢勝菩薩과 智勝菩薩이니라

사 라 자 재 왕 보 살   법 자 재 왕 보 살   상 자 재
娑羅自在王菩薩과 法自在王菩薩과 象自在

왕 보 살   범 자 재 왕 보 살   산 자 재 왕 보 살   중
王菩薩과 梵自在王菩薩과 山自在王菩薩과 衆

자 재 왕 보 살   속 질 자 재 왕 보 살   적 정 자 재
自在王菩薩과 速疾自在王菩薩과 寂靜自在

왕 보 살   부 동 자 재 왕 보 살   세 력 자 재 왕 보
王菩薩과 不動自在王菩薩과 勢力自在王菩

살   최 승 자 재 왕 보 살
薩과 最勝自在王菩薩이니라

광승 보살과 덕승 보살과 상승 보살과 보명
승 보살과 법승 보살과 월승 보살과 허공승
보살과 보승 보살과 당승 보살과 지승 보살이
다.

사라자재왕 보살과 법자재왕 보살과 상자재
왕 보살과 범자재왕 보살과 산자재왕 보살과
중자재왕 보살과 속질자재왕 보살과 적정자재
왕 보살과 부동자재왕 보살과 세력자재왕 보
살과 최승자재왕 보살이다.

적정음보살　무애음보살　지진음보살　해
寂靜音菩薩과　無礙音菩薩과　地震音菩薩과　海

진음보살　운음보살　법광음보살　허공음
震音菩薩과　雲音菩薩과　法光音菩薩과　虛空音

보살　설일체중생선근음보살　시일체대
菩薩과　說一切衆生善根音菩薩과　示一切大

원음보살　도량음보살
願音菩薩과　道場音菩薩이니라

수미광각보살　허공각보살　이염각보살
須彌光覺菩薩과　虛空覺菩薩과　離染覺菩薩과

무애각보살　선각보살　보조삼세각보살　광
無礙覺菩薩과　善覺菩薩과　普照三世覺菩薩과　廣

대각보살　보명각보살　법계광명각보살
大覺菩薩과　普明覺菩薩과　法界光明覺菩薩이니라

여시등보살마하살오백인　구
如是等菩薩摩訶薩五百人으로　俱하시니라

적정음 보살과 무애음 보살과 지진음 보살과 해진음 보살과 운음 보살과 법광음 보살과 허공음 보살과 설일체중생선근음 보살과 시일체대원음 보살과 도량음 보살이다.

수미광각 보살과 허공각 보살과 이염각 보살과 무애각 보살과 선각 보살과 보조삼세각 보살과 광대각 보살과 보명각 보살과 법계광명각 보살이다.

이와 같은 등 보살마하살 오백 사람과 함께 계시었다.

차제보살　　개실성취보현행원
此諸菩薩이 皆悉成就普賢行願이라

경계무애　　　보변일체제불찰고　　현신무
境界無礙하니 普徧一切諸佛刹故며 現身無

량　　　친근일체제여래고　　정안무장　　　견
量하니 親近一切諸如來故며 淨眼無障하니 見

일체불신변사고
一切佛神變事故니라

지처무한　　　일체여래　　성정각소　　항보예
至處無限하니 一切如來의 成正覺所에 恒普詣

고　광명무제　　　이지혜광　　　보조일체실
故며 光明無際하니 以智慧光으로 普照一切實

법해고　설법무진　　청정변재　　무변제
法海故며 說法無盡하니 清淨辯才가 無邊際

겁　무궁진고
劫에 無窮盡故니라

이 모든 보살들이 모두 다 보현의 행원을 성취하였다.

경계가 걸림 없으니 일체 모든 부처님의 세계에 널리 두루하는 까닭이며, 몸을 나타냄이 한량없으니 일체 모든 여래를 친근하는 까닭이며, 깨끗한 눈이 장애가 없으니 일체 부처님의 신통 변화하시는 일을 보는 까닭이다.

이르는 곳이 제한이 없으니 일체 여래의 바른 깨달음을 이루시는 처소에 항상 널리 나아가는 까닭이며, 광명이 끝이 없으니 지혜의 광명으로 일체 실상의 법바다를 널리 비추는 까닭이며, 법을 설함이 다함이 없으니 청정한 변

등허공계　　지혜소행　　실청정고　　무소의
等虛空界하니 智慧所行이 悉淸淨故며 無所依

지　　　수중생심　　현색신고　　제멸치예
止하니 隨衆生心하야 現色身故며 除滅癡翳하니

요중생계　　무중생고　　등허공지　　이대광
了衆生界가 無衆生故며 等虛空智하니 以大光

망　　조법계고
網으로 照法界故니라

급여오백성문중　　구　　실각진제　　개
及與五百聲聞衆으로 俱하시니 悉覺眞諦하며 皆

증실제
證實際하니라

재가 끝이 없는 겁에 끝까지 다함이 없는 까닭이다.

허공계와 같으니 지혜로 행하는 바가 모두 청정한 까닭이며, 의지하는 바가 없으니 중생 마음을 따라 색신을 나타내는 까닭이며, 어리석은 눈병을 멸하여 없애니 중생계에 중생이 없음을 아는 까닭이며, 허공과 같은 지혜이니 큰 광명 그물로 법계를 비추는 까닭이다.

그리고 오백 성문 대중과 함께 계시었다. 모두 참된 진리를 깨닫고 다 실제를 증득하였다.

심입법성　　영출유해　　의불공덕　　이결사
深入法性하며 永出有海하며 依佛功德하며 離結使

박
縛하나라

주무애처　　기심적정　　유여허공　　어제
住無礙處하며 其心寂靜이 猶如虛空하며 於諸

불소　영단의혹　　어불지해　　심신취입
佛所에 永斷疑惑하며 於佛智海에 深信趣入하나라

급여무량제세주　구　　실증공양무량제
及與無量諸世主로 俱하시니 悉曾供養無量諸

불　　상능이익일체중생　　위불청우　　항
佛하며 常能利益一切衆生하며 爲不請友하며 恒

근수호
勤守護하나라

법의 성품에 깊이 들어가 영원히 존재의 바다에서 벗어났으며, 부처님의 공덕을 의지하여 번뇌의 얽매임을 여의었다.

걸림 없는 곳에 머물러 그 마음의 고요함이 마치 허공과 같으며, 모든 부처님의 처소에서 의혹을 길이 끊고 부처님의 지혜바다에 깊은 믿음으로 들어갔다.

그리고 한량없는 모든 세주들과 함께 계시었다. 모두 일찍이 한량없는 모든 부처님께 공양 올리고 항상 일체 중생을 능히 이익하게 하며, 청하지 않은 벗이 되어 항상 부지런히 수호하

서원불사　　입어세간수승지문　　종불교
誓願不捨하며　入於世間殊勝智門하며　從佛敎

생　　호불정법　　기어대원　　부단불종
生하야　護佛正法하며　起於大願하야　不斷佛種하며

생여래가　　구일체지
生如來家하며　求一切智하니라

시　　제보살　　대덕성문　　세간제왕　　병기권
時에　諸菩薩과　大德聲聞과　世間諸王과　幷其眷

속　　함작시념
屬이　咸作是念하니라

여래경계　　여래지행　　여래가지　　여래력
如來境界와　如來智行과　如來加持와　如來力과

였다.

서원을 버리지 아니하며, 세간의 수승한 지혜의 문에 들어가며, 부처님의 가르침으로부터 태어나서 부처님의 바른 법을 보호하며, 큰 서원을 일으켜 부처님 종자를 끊지 않으며, 여래의 가문에 태어나서 일체지를 구하였다.

이때에 모든 보살들과 대덕 성문과 세간의 모든 왕들과 아울러 그 권속들이 다 이 생각을 하였다.

'여래의 경계와 여래의 지혜행과 여래의 가지

여래무외　여래삼매　여래소주　여래자
如來無畏와　如來三昧와　如來所住와　如來自

재　여래신　여래지　일체세간　제천급
在와　如來身과　如來智를　一切世間의　諸天及

인　무능통달　무능취입　무능신해
人이　無能通達하며　無能趣入하며　無能信解하며

무능요지　무능인수　무능관찰　무능
無能了知하며　無能忍受하며　無能觀察하며　無能

간택　무능개시　무능선명　무유능령
揀擇하며　無能開示하며　無能宣明하며　無有能令

중생해료
衆生解了요

유제제불가피지력　불신통력　불위덕
唯除諸佛加被之力과　佛神通力과　佛威德

력　불본원력　급기숙세선근지력　제선
力과　佛本願力과　及其宿世善根之力과　諸善

와 여래의 힘과 여래의 두려움 없음과 여래의 삼매와 여래의 머무르시는 바와 여래의 자재하심과 여래의 몸과 여래의 지혜를, 일체 세간의 모든 천신과 사람들이 능히 통달하지 못하며, 능히 들어가지 못하며, 능히 믿고 이해하지 못하며, 능히 밝게 알지 못하며, 능히 참고 받아들이지 못하며, 능히 살펴보지 못하며, 능히 가려내지 못하며, 능히 열어 보이지 못하며, 능히 펴서 밝히지 못하며, 능히 중생들로 하여금 알게 하지 못한다.

오직 모든 부처님의 가피하신 힘과, 부처님의 신통하신 힘과, 부처님의 위덕의 힘과, 부처님

지식섭수지력   심정신력   대명해력   취향
知識攝受之力과 **深淨信力**과 **大明解力**과 **趣向**

보리청정심력   구일체지광대원력
菩提淸淨心力과 **求一切智廣大願力**이니라

유원세존   수순아등   급제중생   종종욕
唯願世尊은 **隨順我等**과 **及諸衆生**의 **種種欲**과

종종해   종종지   종종어   종종자재   종종
種種解와 **種種智**와 **種種語**와 **種種自在**와 **種種**

주지   종종근청정   종종의방편   종종심경
住地와 **種種根淸淨**과 **種種意方便**과 **種種心境**

계   종종의지여래공덕   종종청수제소설
界와 **種種依止如來功德**과 **種種聽受諸所說**

법   현시여래   왕석취구일체지심   왕석
法하사 **顯示如來**의 **往昔趣求一切智心**과 **往昔**

의 본래 서원하신 힘과, 그리고 그 지난 세상의 선근의 힘과, 모든 선지식의 거두어 주는 힘과, 깊고 깨끗하게 믿는 힘과, 크고 밝게 아는 힘과, 보리로 향해 나아가는 청정한 마음의 힘과, 일체지를 구하는 광대한 서원의 힘은 제외된다.

오직 원하오니 세존께서는 우리들과 모든 중생들의 갖가지 욕망과 갖가지 지해와 갖가지 지혜와 갖가지 말과 갖가지 자재함과 갖가지 머무르는 지위와 갖가지 근의 청정함과 갖가지 뜻의 방편과 갖가지 마음의 경계와 갖가

소기보살대원 왕석소정제바라밀 왕석
所起菩薩大願과 往昔所淨諸波羅蜜과 往昔

소입보살제지 왕석원만제보살행 왕석
所入菩薩諸地와 往昔圓滿諸菩薩行과 往昔

성취방편 왕석수행제도 왕석소득출리
成就方便과 往昔修行諸道와 往昔所得出離

법 왕석소작신통사 왕석소유본사인연
法과 往昔所作神通事와 往昔所有本事因緣과

급성등정각 전묘법륜 정불국토 조복중
及成等正覺과 轉妙法輪과 淨佛國土와 調伏衆

생 개일체지법성 시일체중생도 입일체
生과 開一切智法城과 示一切衆生道와 入一切

중생소주 수일체중생소시 위일체중생
衆生所住와 受一切衆生所施와 爲一切衆生

설보시공덕 위일체중생현제불영상 여
說布施功德과 爲一切衆生現諸佛影像하사 如

지 여래의 공덕을 의지함과 갖가지 모든 설하는 바 법을 들음을 따라서, 여래의 지난 옛적에 일체지를 구하시던 마음과, 지난 옛적에 일으키신 바 보살의 큰 서원과, 지난 옛적에 깨끗하게 하신 바 모든 바라밀과, 지난 옛적에 들어가신 바 보살의 모든 지위와, 지난 옛적에 원만히 하신 모든 보살들의 수행과, 지난 옛적에 성취하신 방편과, 지난 옛적에 수행하신 모든 도와, 지난 옛적에 얻으신 바 벗어나는 법과, 지난 옛적에 지으신 바 신통한 일과, 지난 옛적에 있었던 본생 일의 인연과, 그리고 평등하고 바른 깨달음을 이루심과, 미묘한 법륜을

시등법　원개위설
是等法을 **願皆爲說**하소서

이시　　세존　　지제보살심지소념　　　대비
爾時에 **世尊**이 **知諸菩薩心之所念**하시고 **大悲**

위신　　　대비위문　　　대비위수　　　이대
爲身하시며 **大悲爲門**하시며 **大悲爲首**하시며 **以大**

비법　　이위방편　　　충변허공　　　입사자빈
悲法으로 **而爲方便**하사 **充徧虛空**하사 **入師子頻**

신삼매
申三昧하시니라

굴리심과, 부처님의 국토를 청정하게 하심과, 중생을 조복하심과, 일체지의 법의 성을 여심과, 일체 중생의 길을 보이심과, 일체 중생의 머무르는 바에 들어가심과, 일체 중생의 보시한 바를 받으심과, 일체 중생을 위하여 보시의 공덕을 설하심과, 일체 중생을 위하여 모든 부처님의 영상을 나타내 보이신, 이와 같은 등의 법을 원하건대 다 설하여 주소서.'

그때에 세존께서 모든 보살들의 마음에 생각한 바를 아시고 대비로 몸을 삼고, 대비로 문을 삼고, 대비로 머리를 삼고, 대비의 법으로

입차삼매이　　일체세간　　보개엄정
入此三昧已에 一切世間이 普皆嚴淨하니라

우시　　차대장엄누각　　홀연광박　　무유변
于時에 此大莊嚴樓閣이 忽然廣博하야 無有邊

제　　금강위지　　보왕부상　　무량보화
際하며 金剛爲地하고 寶王覆上하며 無量寶華와

급제마니　　보산기중　　처처영만　　유리
及諸摩尼로 普散其中하야 處處盈滿하며 瑠璃

위주　　중보합성　　대광마니지소장엄
爲柱에 衆寶合成하야 大光摩尼之所莊嚴이니라

염부단금　　여의보왕　　주치기상　　이위
閻浮檀金과 如意寶王으로 周置其上하야 以爲

엄식　　위루형대　　각도방출　　동우상
嚴飾하며 危樓迥帶하고 閣道傍出하며 棟宇相

승　　창달교영　　계지헌함　　종종비족
承하고 窓闥交映하며 階墀軒檻이 種種備足하니라

방편을 삼아 허공에 두루 충만하여 사자빈신 삼매에 드시었다.

이 삼매에 드심에 일체 세간이 널리 모두 깨끗하게 장엄되었다.

그때에 이 대장엄누각이 홀연히 넓어져서 끝이 없었다. 금강으로 땅이 되고, 보배왕으로 위에 덮고, 한량없는 보배 꽃과 그리고 모든 마니들을 그 가운데 널리 흩어서 곳곳에 가득하였다. 유리로 기둥이 되었는데 온갖 보배를 합하여 이루어진 큰 광명 마니로 장엄한 것이다.

염부단금과 여의보왕을 그 위에 두루 엎어서

일체개이묘보장엄 　 기보 　 실작인천형
一切皆以妙寶莊嚴하니 其寶가 悉作人天形

상 　 견고묘호 　 세중제일
像하야 堅固妙好가 世中第一이라

마니보망 　 미부기상 　 어제문측 　 실건
摩尼寶網으로 彌覆其上하며 於諸門側에 悉建

당번 　 함방광명 　 보주법계 　 도량지
幢幡하니 咸放光明하야 普周法界하며 道場之

외 　 계등난순 　 기수무량 　 불가칭설
外에 階隥欄楯이 其數無量하야 不可稱說이나

미불함이마니소성
靡不咸以摩尼所成이러라

장엄하게 꾸몄으며, 높이 솟은 누각이 멀리 둘러 있고 복도가 곁으로 뻗었으며, 추녀와 지붕이 서로 이어졌고 창과 문이 서로 비추며, 섬돌과 마루 난간들이 갖가지로 구비되었다.

일체가 다 미묘한 보배로 장엄되었는데, 그 보배가 모두 사람과 천신의 형상으로 되었으며 견고하고 미묘하고 아름답기가 세상에서 제일이었다.

마니보배 그물로 그 위를 두루 덮었고 모든 문 옆에 모두 당기 번기를 세웠으며, 다 광명을 놓아 법계에 널리 두루하며, 도량 밖에 계단과 난간들이 그 수가 한량없어 말할 수 없

이시　　부이불신력고　　기서다림　　홀연광
爾時에　復以佛神力故로　其逝多林이　忽然廣

박　　　여불가설불찰미진수제불국토　　기량
博하야　與不可說佛刹微塵數諸佛國土로　其量

정등　　　일체묘보　　간착장엄
正等하며　一切妙寶로　閒錯莊嚴하니라

불가설보　　변포기지　　　아승지보　　이위원
不可說寶로　徧布其地하며　阿僧祇寶로　以爲垣

장　　보다라수　　장엄도측　　　기간　　부유무
牆하며　寶多羅樹로　莊嚴道側하고　其間에　復有無

량향하　　향수영만　　　단격회복
量香河가　香水盈滿하야　湍激洄澓하니라

일체보화　　수류우전　　　자연연출불법음
一切寶華가　隨流右轉하야　自然演出佛法音

성　　　부사의보　　분다리화　　함담분부
聲하며　不思議寶인　芬陀利華가　菡萏芬敷하야

으나 모두 마니로 이루어지지 않음이 없었다.

그때에 다시 부처님의 위신력인 까닭으로 그 서다림이 홀연히 넓어져서 말할 수 없는 부처님 세계 미진수의 모든 부처님 국토와 더불어 그 양이 똑같으며, 일체 미묘한 보배로 사이사이를 장엄하였다.

말할 수 없는 보배가 그 땅에 두루 깔렸으며, 아승지 보배로 담장이 되고 보배 다라 나무로 길 옆을 장엄하고, 그 사이에 다시 한량없는 향하가 있는데 향수가 가득하여 물결이 빠르게 소용돌이치며 돌아 흘렀다.

미포수상　　중보화수　　열식기안
彌布水上하며 **衆寶華樹**를 **列植其岸**하니라

종종대사　　불가사의　　개어안상　　차제항
種種臺榭의 **不可思議**가 **皆於岸上**에 **次第行**

렬　　　마니보망지소미부　　아승지보　　　방대
列하야 **摩尼寶網之所彌覆**며 **阿僧祇寶**가 **放大**

광명　　아승지보　　장엄기지　　　소중묘향
光明하며 **阿僧祇寶**로 **莊嚴其地**하며 **燒衆妙香**하야

향기분온
香氣氛氳하니라

부건무량종종보당　　　소위보향당　　보의
復建無量種種寶幢하니 **所謂寶香幢**과 **寶衣**

당　　보번당　　보증당　　보화당　　보영락당
幢과 **寶幡幢**과 **寶繒幢**과 **寶華幢**과 **寶瓔珞幢**과

일체 보배 꽃이 흐름을 따라 오른쪽으로 돌면서 저절로 부처님 법의 음성을 연출하며, 부사의한 보배의 흰 연꽃은 봉오리에서 향기가 퍼지면서 물 위에 가득 펼쳐졌으며, 온갖 보배 꽃 나무가 그 언덕에 줄지어 심어져 있었다.

갖가지 정자들이 헤아릴 수 없이 다 언덕 위에 차례로 줄지어 있고 마니보배 그물로 두루 덮여졌다. 아승지 보배가 큰 광명을 놓고, 아승지 보배로 그 땅을 장엄하였으며, 온갖 미묘한 향을 사르니 향기가 진동하였다.

다시 한량없는 갖가지 보배 당기를 세웠다.

보만당　　　보령당　　마니보개당　　대마니보
寶鬘幢과　寶鈴幢과　摩尼寶蓋幢과　大摩尼寶

당　　광명변조마니보당　　출일체여래명호
幢과　光明徧照摩尼寶幢과　出一切如來名号

음성마니왕당　　사자마니왕당　　설일체여
音聲摩尼王幢과　師子摩尼王幢과　說一切如

래본사해마니왕당　　현일체법계영상마니
來本事海摩尼王幢과　現一切法界影像摩尼

왕당　　주변시방　　항렬장엄
王幢이　周徧十方하야　行列莊嚴이러라

시　　서다림상허공지중　　유부사의천궁전
時에　逝多林上虛空之中에　有不思議天宮殿

운　　무수향수운　　불가설수미산운　　불가설
雲과　無數香樹雲과　不可說須彌山雲과　不可說

이른바 보배 향 당기와, 보배 옷 당기와, 보배 번기 당기와, 보배 비단 당기와, 보배 꽃 당기와, 보배 영락 당기와, 보배 화만 당기와, 보배 방울 당기와, 마니보배 일산 당기와, 큰 마니보배 당기와, 광명이 두루 비추는 마니보배 당기와, 일체 여래의 명호와 음성을 내는 마니왕 당기와, 사자 마니왕 당기와, 일체 여래의 본생 일바다를 설하는 마니왕 당기와, 일체 법계의 영상을 나타내는 마니왕 당기가 시방에 두루하여 줄을 지어 장엄하였다.

그때에 서다림 위의 허공 가운데 부사의한 하

기악운　출미묘음　　가찬여래　　불가설
妓樂雲이 出美妙音하야 歌讚如來하며 不可說

보련화운　불가설보좌운　부이천의　　보
寶蓮華雲과 不可說寶座雲이 敷以天衣어든 菩

살　좌상　　탄불공덕
薩이 坐上하야 歎佛功德하니라

불가설제천왕형상마니보운　불가설백진
不可說諸天王形像摩尼寶雲과 不可說白眞

주운　불가설적주누각장엄구운　불가설
珠雲과 不可說赤珠樓閣莊嚴具雲과 不可說

우금강견고주운　개주허공　주잡변만
雨金剛堅固珠雲이 皆住虛空하야 周帀徧滿하야

이위엄식
以爲嚴飾하니라

늘 궁전 구름과 수없는 향 나무 구름과 말할 수 없는 수미산 구름과 말할 수 없는 기악 구름이 있어 미묘한 음성을 내어 여래를 노래로 찬탄하며, 말할 수 없는 보배 연꽃 구름과 말할 수 없는 보배 자리 구름에 하늘 옷을 깔고 보살이 위에 앉아 부처님 공덕을 찬탄하였다.

말할 수 없는 모든 천왕 형상들의 마니보배 구름과 말할 수 없는 백진주 구름과 말할 수 없는 적진주 누각 장엄거리 구름과 말할 수 없는 금강을 비내리는 견고한 진주 구름이 모두 허공에 머물러 두루 가득하게 퍼져서 장엄하게 장식하였다.

하이고　　여래선근　　부사의고　　여래백법
何以故오 如來善根이 不思議故며 如來白法이

부사의고　　여래위력　　부사의고　　여래　능
不思議故며 如來威力이 不思議故며 如來가 能

이일신　　자재변화　　변일체세계　　부사
以一身으로 自在變化하야 徧一切世界가 不思

의고
議故니라

여래　　능이신력　　영일체불　　급불국장
如來가 能以神力으로 令一切佛과 及佛國莊

엄　　개입기신　　부사의고　　여래　능어일
嚴으로 皆入其身이 不思議故며 如來가 能於一

미진내　　보현일체법계영상　　부사의고
微塵內에 普現一切法界影像이 不思議故니라

여래　　능어일모공중　　시현과거일체제불
如來가 能於一毛孔中에 示現過去一切諸佛이

왜냐하면 여래의 선근이 부사의한 까닭이며, 여래의 흰 법이 부사의한 까닭이며, 여래의 위신력이 부사의한 까닭이며, 여래께서 능히 한 몸으로 자재하게 변화하여 일체 세계에 두루 하심이 부사의한 까닭이다.

여래께서 능히 위신력으로 일체 부처님과 부처님 국토의 장엄을 다 그 몸에 들게 하심이 부사의한 까닭이며, 여래께서 능히 한 미진 안에 널리 일체 법계의 영상을 나타내심이 부사의한 까닭이다.

여래께서 능히 한 모공 속에 과거 일체 모든 부처님을 나타내 보이심이 부사의한 까닭이며,

부사의고　여래　수방일일광명　　실능변
不思議故며 如來가 隨放一一光明하야 悉能徧

조일체세계　부사의고
照一切世界가 不思議故니라

여래　　능어일모공중　　출일체불찰미진수
如來가 能於一毛孔中에 出一切佛刹微塵數

변화운　　충만일체제불국토　　부사의고
變化雲하야 充滿一切諸佛國土가 不思議故며

여래　　능어일모공중　　보현일체시방세계
如來가 能於一毛孔中에 普現一切十方世界

성주괴겁　부사의고
成住壞劫이 不思議故니라

여어차서다림급고독원　　견불국토청정장
如於此逝多林給孤獨園에 見佛國土淸淨莊

엄　　시방일체진법계허공계일체세계　　역
嚴하야 十方一切盡法界虛空界一切世界도 亦

여래께서 낱낱 광명 놓으심을 따라서 모두 능히 일체 세계를 두루 비추심이 부사의한 까닭이다.

여래께서 능히 한 모공 속에 일체 부처님 세계 미진수의 변화하는 구름을 내어 일체 모든 부처님 국토에 충만하게 하심이 부사의한 까닭이며, 여래께서 능히 한 모공 속에 일체 시방세계가 이루어지고 머무르고 무너지는 겁을 널리 나타내심이 부사의한 까닭이다.

이 서다림 급고독원에서 부처님 국토의 청정한 장엄을 보듯이, 시방 일체 온 법계 허공계의 일체 세계에서도 또한 이와 같이 보았다. 이른바 여래의 몸이 서다림에 머무르심에 보

여시견　　소위견여래신　　주서다림　　보살
如是見하니 所謂見如來身이 住逝多林에 菩薩

중회　　개실변만
衆會가 皆悉徧滿하니라

견보우일체장엄운　　　　견보우일체보광명조
見普雨一切莊嚴雲하며 見普雨一切寶光明照

요운　　　견보우일체마니보운　　　견보우일
曜雲하며 見普雨一切摩尼寶雲하며 見普雨一

체장엄개미부불찰운　　　견보우일체천신
切莊嚴蓋彌覆佛刹雲하며 見普雨一切天身

운　　견보우일체화수운
雲하며 見普雨一切華樹雲하니라

견보우일체의수운　　　견보우일체보만영
見普雨一切衣樹雲하며 見普雨一切寶鬘瓔

살 대중모임이 모두 다 두루 가득함을 보았다.

일체 장엄을 널리 비내리는 구름을 보며, 일체 보배를 널리 비내려 광명이 밝게 비추는 구름을 보며, 일체 마니보배를 널리 비내리는 구름을 보며, 일체 장엄한 일산을 널리 비내려 부처님 세계를 두루 덮는 구름을 보며, 일체 하늘 몸을 널리 비내리는 구름을 보며, 일체 꽃 나무를 널리 비내리는 구름을 보았다.

일체 옷 나무를 널리 비내리는 구름을 보며, 일체 보배 화만과 영락을 널리 비내려 계속하여 끊이지 아니하여 일체 대지에 두루하는 구

락　　상속부절　　주변일체대지운　　견보
珞이　相續不絶하야　周徧一切大地雲하며　見普

우일체장엄구운　　견보우일체여중생형종
雨一切莊嚴具雲하며　見普雨一切如衆生形種

종향운
種香雲하니라

견보우일체미묘보화망상속부단운　　견보
見普雨一切微妙寶華網相續不斷雲하며　見普

우일체제천녀　　지보당번　　어허공중　주
雨一切諸天女가　持寶幢幡하고　於虛空中에　周

선래거운　　견보우일체중보련화　　어화엽
旋來去雲하며　見普雨一切衆寶蓮華가　於華葉

간　자연이출종종악음운　　견보우일체사
間에　自然而出種種樂音雲하며　見普雨一切師

자좌　보망영락　　이위장엄운
子座가　寶網瓔珞으로　而爲莊嚴雲이러라

름을 보며, 일체 장엄거리를 널리 비내리는 구름을 보며, 일체 중생의 형상과 같은 갖가지 향을 널리 비내리는 구름을 보았다.

일체 미묘한 보배 꽃 그물을 널리 비내려 계속하여 끊이지 않는 구름을 보며, 일체 모든 천녀들을 널리 비내려 보배 당기와 번기를 들고 허공 속에서 두루 돌며 오고 가는 구름을 보며, 일체 온갖 보배 연꽃을 널리 비내려 꽃과 잎 사이에서 저절로 갖가지 음악 소리가 나오는 구름을 보며, 일체 사자좌를 널리 비내려 보배 그물과 영락으로 장엄된 구름을 보았다.

이시　　동방　　　과불가설불찰미진수세계해
爾時에 東方으로 過不可說佛刹微塵數世界海

외　　유세계　　　명금등운당　　　불호　비로
外하야 有世界하니 名金燈雲幢이요 佛号는 毗盧

자나승덕왕　　　피불중중　　유보살　　　명비
遮那勝德王이시며 彼佛衆中에 有菩薩하니 名毗

로자나원광명　　여불가설불찰미진수보
盧遮那願光明이라 與不可說佛刹微塵數菩

살　구　　내향불소
薩로 俱하야 來向佛所하니라

실이신력　　　홍종종운　　　소위천화운　천
悉以神力으로 興種種雲하시니 所謂天華雲과 天

향운　천말향운　천만운　천보운　천장엄
香雲과 天末香雲과 天鬘雲과 天寶雲과 天莊嚴

구운　천보개운　천미묘의운　천보당번운
具雲과 天寶蓋雲과 天微妙衣雲과 天寶幢幡雲과

그때에 동방으로 말할 수 없는 부처님 세계 미진수의 세계바다 밖을 지나서 세계가 있으니 이름이 '금등운당'이고, 부처님 명호는 '비로자나승덕왕'이시며, 그 부처님의 대중 가운데 보살이 있으니 이름이 '비로자나원광명'이다. 말할 수 없는 부처님 세계 미진수의 보살들과 함께 부처님 처소로 향하여 왔다.

모두 위신력으로 갖가지 구름을 일으키니 이른바 하늘 꽃 구름과, 하늘 향 구름과, 하늘 가루향 구름과, 하늘 화만 구름과, 하늘 보배 구름과, 하늘 장엄거리 구름과, 하늘 보배 일산 구름과, 하늘의 미묘한 옷 구름과, 하늘 보

천일체묘보제장엄운   충만허공
天一切妙寶諸莊嚴雲이 充滿虛空이라

지불소이   정례불족   즉어동방   화작
至佛所已하야 頂禮佛足하고 卽於東方에 化作

보장엄누각   급보조시방보련화장사자지
寶莊嚴樓閣과 及普照十方寶蓮華藏師子之

좌   여의보망   나부기신   여기권속
座하야 如意寶網으로 羅覆其身하고 與其眷屬으로

결가부좌
結跏趺坐하나니라

남방   과불가설불찰미진수세계해외
南方으로 過不可說佛刹微塵數世界海外하야

유세계   명금강장   불호   보광명무승
有世界하니 名金剛藏이요 佛号는 普光明無勝

배 당기 번기 구름과, 하늘의 일체 미묘한 보배 모든 장엄 구름이 허공에 가득하였다.

부처님 처소에 이르러서 부처님 발에 정례하고, 곧 동방에 보배로 장엄한 누각과 시방을 널리 비추는 보배 연화장 사자좌를 변화하여 만들고 여의 보배 그물로 그 몸에 두르고 그 권속들과 더불어 결가부좌하였다.

남방으로 말할 수 없는 부처님 세계 미진수의 세계바다 밖을 지나서 세계가 있으니 이름이 '금강장'이고, 부처님 명호는 '보광명무승장왕'이시며, 그 부처님의 대중 가운데 보살이

장왕　　　　피불중중　　　유보살　　　명불가괴정
藏王이시며　彼佛衆中에　有菩薩하니　名不可壞精

진왕　　　　여불가설불찰미진수보살　　　구
進王이라　與不可說佛刹微塵數菩薩로　俱하야

내향불소
來向佛所하니라

지일체보향망　　　　지일체보영락　　　지일체
持一切寶香網하며　持一切寶瓔珞하며　持一切

보화대　　　지일체보만대　　　지일체금강영
寶華帶하며　持一切寶鬘帶하며　持一切金剛瓔

락　　　지일체마니보망　　　지일체보의대
珞하며　持一切摩尼寶網하며　持一切寶衣帶하며

지일체보영락대　　　지일체최승광명마니
持一切寶瓔珞帶하며　持一切最勝光明摩尼

대　　　지일체사자마니보영락　　　실이신력
帶하며　持一切師子摩尼寶瓔珞하야　悉以神力으로

있으니 이름이 '불가괴정진왕'이다. 말할 수 없는 부처님 세계 미진수의 보살들과 함께 부처님 처소로 향하여 왔다.

일체 보배 향 그물을 가지고, 일체 보배 영락을 가지고, 일체 보배 꽃 띠를 가지고, 일체 보배 화만 띠를 가지고, 일체 금강 영락을 가지고, 일체 마니보배 그물을 가지고, 일체 보배 옷 띠를 가지고, 일체 보배 영락 띠를 가지고, 일체 가장 수승한 광명 마니 띠를 가지고, 일체 사자 마니보배 영락을 가지고, 모두 위신력으로 일체 모든 세계바다에 두루 가득하게 하였다.

부처님 처소에 이르러서 부처님 발에 정례하

충변일체제세계해
充徧一切諸世界海하나라

도불소이　정례불족　즉어남방　화작변
到佛所已에 頂禮佛足하고 即於南方에 化作徧

조세간마니보장엄누각　급보조시방보련화
照世間摩尼寶莊嚴樓閣과 及普照十方寶蓮華

장사자지좌　이일체보화망　나부기신
藏師子之座하야 以一切寶華網으로 羅覆其身하고

여기권속　결가부좌
與其眷屬으로 結跏趺坐하나니라

서방　　과불가설불찰미진수세계해외
西方으로 過不可說佛刹微塵數世界海外하야

유세계　명마니보등수미산당　불호
有世界하니 名摩尼寶燈須彌山幢이요 佛号는

고, 곧 남방에 세간을 두루 비추는 마니보배로 장엄한 누각과 시방을 널리 비추는 보배연화장 사자좌를 변화하여 만들고 일체 보배꽃 그물로 그 몸에 두르고 그 권속들과 더불어 결가부좌하였다.

서방으로 말할 수 없는 부처님 세계 미진 수의 세계바다 밖을 지나서 세계가 있으니 이름이 '마니보등수미산당'이고, 부처님 명호는 '법계지등'이시며, 그 부처님의 대중 가운데 보살이 있으니 이름이 '보승무상위덕왕'이다. 세계바다 미진수의 보살들과 함께 부처님 처

법계지등　　피불중중　유보살　　명보승
法界智燈이시며　彼佛衆中에　有菩薩하니　名普勝

무상위덕왕　　여세계해미진수보살　구
無上威德王이라　與世界海微塵數菩薩로　俱하야

내향불소
來向佛所하니라

실이신력　　홍불가설불찰미진수종종도향
悉以神力으로　興不可說佛刹微塵數種種塗香

소향수미산운　　불가설불찰미진수종종색
燒香須彌山雲과　不可說佛刹微塵數種種色

향수수미산운　　불가설불찰미진수일체대
香水須彌山雲과　不可說佛刹微塵數一切大

지미진등광명마니보왕수미산운　　불가설
地微塵等光明摩尼寶王須彌山雲과　不可說

불찰미진수종종광염륜장엄당수미산운
佛刹微塵數種種光燄輪莊嚴幢須彌山雲과

소로 향하여 왔다.

　모두 위신력으로 말할 수 없는 부처님 세계 미진수의 갖가지 바르는 향과 사르는 향의 수미산 구름과, 말할 수 없는 부처님 세계 미진수의 갖가지 빛 향수의 수미산 구름과, 말할 수 없는 부처님 세계 미진수의 일체 대지 미진과 같은 광명 마니보배왕의 수미산 구름과, 말할 수 없는 부처님 세계 미진수의 갖가지 빛 불꽃 바퀴로 장엄한 당기의 수미산 구름과, 말할 수 없는 부처님 세계 미진수의 갖가지 빛 금강장 마니왕으로 장엄한 수미산 구름과, 말할 수 없는 부처님 세계 미진수의 일체 세계

불가설불찰미진수종종색금강장마니왕장
不可說佛刹微塵數種種色金剛藏摩尼王莊

엄수미산운　불가설불찰미진수보조일체
嚴須彌山雲과 不可說佛刹微塵數普照一切

세계염부단마니보당수미산운　불가설불
世界閻浮檀摩尼寶幢須彌山雲과 不可說佛

찰미진수현일체법계마니보수미산운　불
刹微塵數現一切法界摩尼寶須彌山雲과 不

가설불찰미진수현일체제불상호마니보왕
可說佛刹微塵數現一切諸佛相好摩尼寶王

수미산운　불가설불찰미진수현일체여래
須彌山雲과 不可說佛刹微塵數現一切如來

본사인연　설제보살소행지행마니보왕수
本事因緣하며 說諸菩薩所行之行摩尼寶王須

미산운　불가설불찰미진수현일체불좌보
彌山雲과 不可說佛刹微塵數現一切佛坐菩

를 널리 비추는 염부단 마니보배 당기의 수미산 구름과, 말할 수 없는 부처님 세계 미진수의 일체 법계를 나타내는 마니보배의 수미산 구름과, 말할 수 없는 부처님 세계 미진수의 일체 모든 부처님의 상호를 나타내는 마니보배왕의 수미산 구름과, 말할 수 없는 부처님 세계 미진수의 일체 여래의 본생 일의 인연을 나타내고 모든 보살들의 행하던 행을 설하는 마니보배왕의 수미산 구름과, 말할 수 없는 부처님 세계 미진수의 일체 부처님께서 보리도량에 앉으심을 나타내는 마니보배왕의 수미산 구름을 일으켜 법계에 가득하게 하였다.

리장마니보왕수미산운　　충만법계
提場摩尼寶王須彌山雲하야 充滿法界하니라

지불소이　　정례불족　　즉어서방　　화작일
至佛所已에 頂禮佛足하고 即於西方에 化作一

체향왕누각　　진주보망　　미부기상　　급
切香王樓閣하야 眞珠寶網으로 彌覆其上하며 及

화작제석영당보련화장사자지좌　　이묘색
化作帝釋影幢寶蓮華藏師子之座하야 以妙色

마니망　　나부기신　　심왕보관　　이엄기
摩尼網으로 羅覆其身하며 心王寶冠으로 以嚴其

수　　여기권속　　결가부좌
首하고 與其眷屬으로 結跏趺坐하나니라

북방　　과불가설불찰미진수세계해외
北方으로 過不可說佛剎微塵數世界海外하야

부처님 처소에 이르러서 부처님 발에 정례하고, 곧 서방에 일체 향왕 누각을 변화하여 만들어 진주 보배 그물로 그 위를 두루 덮고, 제석의 그림자 당기 보배의 연화장 사자좌를 변화하여 만들고 미묘한 빛 마니 그물로 그 몸에 두르며 심왕 보배 관으로 그 머리를 장엄하고 그 권속들과 더불어 결가부좌하였다.

북방으로 말할 수 없는 부처님 세계 미진수의 세계바다 밖을 지나서 세계가 있으니 이름이 '보의광명당'이고, 부처님 명호는 '조허공법계대광명'이시며, 그 부처님의 대중 가운데

유세계　　　명보의광명당　　　불호　조허공
有世界하니 名寶衣光明幢이요 佛号는 照虛空

법계대광명　　　피불중중　유보살　　명무
法界大光明이시며 彼佛衆中에 有菩薩하니 名無

애승장왕　　　여세계해미진수보살　　구
礙勝藏王이라 與世界海微塵數菩薩로 俱하야

내향불소
來向佛所하니라

실이신력　　홍일체보의운　　소위황색보
悉以神力으로 興一切寶衣雲하니 所謂黃色寶

광명의운　　종종향소훈의운　　일당마니왕
光明衣雲과 種種香所熏衣雲과 日幢摩尼王

의운　금색치연마니의운　　일체보광염의
衣雲과 金色熾然摩尼衣雲과 一切寶光燄衣

운　일체성신상상묘마니의운　백옥광마니
雲과 一切星辰像上妙摩尼衣雲과 白玉光摩尼

보살이 있으니 이름이 '무애승장왕'이다. 세계 바다 미진수의 보살들과 함께 부처님 처소로 향하여 왔다.

모두 위신력으로 일체 보배 옷 구름을 일으키니 이른바 황색 보배 광명 옷 구름과, 갖가지 향기를 풍기는 옷 구름과, 해 당기 마니왕 옷 구름과, 금빛이 치성한 마니 옷 구름과, 일체 보배 빛 불꽃 옷 구름과, 일체 별 모양의 가장 미묘한 마니 옷 구름과, 백옥 빛 마니 옷 구름과, 광명이 두루 비추어 수승하고 아름답게 빛나는 마니 옷 구름과, 광명이 두루 비추어 위세가 치성한 마니 옷 구름과, 장엄바다

의운　광명변조수승혁혁마니의운　광명변
衣雲과 光明徧照殊勝赫奕摩尼衣雲과 光明徧

조위세치성마니의운　장엄해마니의운
照威勢熾盛摩尼衣雲과 莊嚴海摩尼衣雲이

충변허공
充徧虛空하니라

지불소이　정례불족　즉어북방　화작마
至佛所已에 頂禮佛足하고 即於北方에 化作摩

니보해장엄누각　급비유리보련화장사자
尼寶海莊嚴樓閣과 及毗瑠璃寶蓮華藏師子

지좌　이사자위덕마니왕망　나부기신
之座하야 以師子威德摩尼王網으로 羅覆其身하며

청정보왕　위계명주　여기권속　결가
清淨寶王으로 爲髻明珠하고 與其眷屬으로 結跏

부좌
趺坐하나니라

마니 옷 구름이 허공에 가득하였다.

부처님 처소에 이르러서 부처님 발에 정례하고, 곧 북방에 마니보배바다로 장엄한 누각과 비유리 보배 연화장 사자좌를 변화하여 만들고 사자 위덕 마니왕 그물로 그 몸에 두르며 청정한 보배왕으로 상투의 밝은 구슬을 삼고 그 권속들과 더불어 결가부좌하였다.

동북방　　　과불가설불찰미진수세계해 외
東北方으로 過不可說佛刹微塵數世界海外하야

유세계　　　명일체환희청정광명망　　　불호
有世界하니 名一切歡喜淸淨光明網이요 佛号는

무애안　　　피불중중　　유보살　　　명화현법계
無礙眼이시며 彼佛衆中에 有菩薩하니 名化現法界

원월왕　　　여세계해미진수보살　　구　　　내
願月王이라 與世界海微塵數菩薩로 俱하야 來

향불소
向佛所하니라

실이신력　　　홍보누각운　　　향누각운　　소향
悉以神力으로 興寶樓閣雲과 香樓閣雲과 燒香

누각운　　화누각운　　전단누각운　　금강누각
樓閣雲과 華樓閣雲과 栴檀樓閣雲과 金剛樓閣

운　마니누각운　　금누각운　　의누각운　　연
雲과 摩尼樓閣雲과 金樓閣雲과 衣樓閣雲과 蓮

동북방으로 말할 수 없는 부처님 세계 미진수의 세계바다 밖을 지나서 세계가 있으니 이름이 '일체환희청정광명망'이며, 부처님 명호는 '무애안'이시며, 그 부처님의 대중 가운데 보살이 있으니 이름이 '화현법계원월왕'이다. 세계바다 미진수의 보살들과 함께 부처님 처소로 향하여 왔다.

모두 위신력으로 보배 누각 구름과, 향 누각 구름과, 사르는 향 누각 구름과, 꽃 누각 구름과, 전단 누각 구름과, 금강 누각 구름과, 마니 누각 구름과, 금 누각 구름과, 옷 누각 구름과, 연꽃 누각 구름을 일으켜 시방의 일체

화누각운　　미부시방일체세계
華樓閣雲하사 彌覆十方一切世界하니라

지불소이　　정례불족　　즉어동북방　　화작
至佛所已에 頂禮佛足하고 卽於東北方에 化作

일체법계문대마니누각　　급무등향왕연화장
一切法界門大摩尼樓閣과 及無等香王蓮華藏

사자지좌　　마니화망　　나부기신　　착묘
師子之座하야 摩尼華網으로 羅覆其身하며 著妙

보장마니왕관　　여기권속　　결가부좌
寶藏摩尼王冠하고 與其眷屬으로 結跏趺坐하나니라

동남방　　과불가설불찰미진수세계해외
東南方으로 過不可說佛刹微塵數世界海外하야

유세계　　명향운장엄당　　불호　　용자재왕
有世界하니 名香雲莊嚴幢이요 佛号는 龍自在王이시며

세계를 두루 덮었다.

부처님 처소에 이르러서 부처님 발에 정례하고, 곧 동북방에 일체 법계문 큰 마니 누각과 그리고 짝할 이 없는 향왕 연화장 사자좌를 변화하여 만들고 마니 꽃 그물로 그 몸에 두르고 미묘한 보배 창고 마니왕 관을 쓰고 그 권속들과 더불어 결가부좌하였다.

동남방으로 말할 수 없는 부처님 세계 미진수의 세계바다 밖을 지나서 세계가 있으니 이름이 '향운장엄당'이고, 부처님 명호는 '용자재왕'이시며, 그 부처님의 대중 가운데 보살이

피불중중　유보살　　명법혜광염왕　　여세계
彼佛衆中에 有菩薩하니 名法慧光燄王이라 與世界

해미진수보살　구　　내향불소
海微塵數菩薩로 俱하야 來向佛所하니라

실이신력　　홍금색원만광명운　　무량보색
悉以神力으로 興金色圓滿光明雲과 無量寶色

원만광명운　　여래호상원만광명운　　종종
圓滿光明雲과 如來毫相圓滿光明雲과 種種

보색원만광명운　　연화장원만광명운　　중
寶色圓滿光明雲과 蓮華藏圓滿光明雲과 衆

보수지원만광명운　　여래정계원만광명운
寶樹枝圓滿光明雲과 如來頂髻圓滿光明雲과

염부단금색원만광명운　　일색원만광명운
閻浮檀金色圓滿光明雲과 日色圓滿光明雲과

성월색원만광명운　　실변허공
星月色圓滿光明雲하야 悉徧虛空하니라

있으니 이름이 '법혜광염왕'이다. 세계바다 미진수의 보살들과 함께 부처님 처소로 향하여 왔다.

모두 위신력으로 금빛 원만한 광명 구름과, 한량없는 보배 빛 원만한 광명 구름과, 여래의 백호상 원만한 광명 구름과, 갖가지 보배 빛 원만한 광명 구름과, 연화장 원만한 광명 구름과, 온갖 보배 나뭇가지 원만한 광명 구름과, 여래의 정수리 상투 원만한 광명 구름과, 염부단금 빛 원만한 광명 구름과, 햇빛 원만한 광명 구름과, 별과 달빛 원만한 광명 구름을 일으켜 모두 허공에 두루하게 하였다.

도불소이 정례불족 즉어동남방 화작
到佛所已_에 頂禮佛足_{하고} 卽於東南方_에 化作

비로자나최상보광명누각 금강마니연화
毗盧遮那最上寶光明樓閣_과 金剛摩尼蓮華

장사자지좌 중보광염마니왕망 나부
藏師子之座_{하야} 衆寶光燄摩尼王網_{으로} 羅覆

기신 여기권속 결가부좌
其身_{하고} 與其眷屬_{으로} 結跏趺坐_{하나니라}

서남방 과불가설불찰미진수세계해외
西南方_{으로} 過不可說佛刹微塵數世界海外_{하야}

유세계 명일광마니장 불호 보조제
有世界_{하니} 名日光摩尼藏_{이요} 佛号_는 普照諸

법지월왕 피불중중 유보살 명최파
法智月王_{이시며} 彼佛衆中_에 有菩薩_{하니} 名摧破

부처님 처소에 이르러서 부처님 발에 정례하고, 곧 동남방에 비로자나 최상의 보배 광명 누각과 금강 마니 연화장 사자좌를 변화하여 만들고 온갖 보배 빛 불꽃 마니왕 그물로 그 몸에 두르고 그 권속들과 더불어 결가부좌하였다.

서남방으로 말할 수 없는 부처님 세계 미진수의 세계바다 밖을 지나서 세계가 있으니 이름이 '일광마니장'이고, 부처님 명호는 '보조제법지월왕'이시며, 그 부처님의 대중 가운데 보살이 있으니 이름이 '최파일체마군지당왕'

일체마군지당왕　　여세계해미진수보살
一切魔軍智幢王이라 與世界海微塵數菩薩로

구　　내향불소
俱하야 來向佛所하니라

어일체모공중　　출등허공계화염운　　향염
於一切毛孔中에 出等虛空界華燄雲과 香燄

운　　보염운　　금강염운　　소향염운　　전광염
雲과 寶燄雲과 金剛燄雲과 燒香燄雲과 電光燄

운　　비로자나마니보염운　　일체금광염운
雲과 毗盧遮那摩尼寶燄雲과 一切金光燄雲과

승장마니왕광염운　　등삼세여래해광염운
勝藏摩尼王光燄雲과 等三世如來海光燄雲호대

일일개종모공중출　　변허공계
一一皆從毛孔中出하야 徧虛空界라

도불소이　　정례불족　　즉어서남방　　화작
到佛所已에 頂禮佛足하고 即於西南方에 化作

이다. 세계바다 미진수의 보살들과 함께 부처님 처소로 향하여 왔다.

일체 모공에서 허공계와 같은 꽃 불꽃 구름과, 향 불꽃 구름과, 보배 불꽃 구름과, 금강 불꽃 구름과, 사르는 향 불꽃 구름과, 번갯빛 불꽃 구름과, 비로자나 마니보배 불꽃 구름과, 일체 금빛 불꽃 구름과, 승장마니왕 광명 불꽃 구름과, 삼세 여래바다와 같은 광명 불꽃 구름을 내니, 낱낱이 다 모공 속에서 나와 허공계에 두루하였다.

부처님 처소에 이르러서 부처님 발에 정례하고, 곧 서남방에 시방 법계의 광명 그물을 널

보현시방법계광명망대마니보누각　　급향등
普現十方法界光明網大摩尼寶樓閣과　及香燈

염보련화장사자지좌　　이이구장마니망
燄寶蓮華藏師子之座하야　以離垢藏摩尼網으로

나부기신　　착출일체중생발취음마니왕엄
羅覆其身하며　著出一切衆生發趣音摩尼王嚴

식관　　여기권속　　결가부좌
飾冠하고　與其眷屬으로　結跏趺坐하나니라

서북방　　과불가설불찰미진수세계해외
西北方으로　過不可說佛刹微塵數世界海外하야

유세계　　명비로자나원마니왕장　　불호
有世界하니　名毗盧遮那願摩尼王藏이요　佛号는

보광명최승수미왕　　피불중중　　유보
普光明最勝須彌王이시며　彼佛衆中에　有菩

리 나타내는 큰 마니보배 누각과 향 등 불꽃
보배 연화장 사자좌를 변화하여 만들고 때를
여읜 창고 마니 그물로 그 몸에 두르고 일체
중생의 발심해서 나아가는 음성을 내는 마니
왕으로 장엄하게 꾸민 관을 쓰고 그 권속들과
더불어 결가부좌하였다.

서북방으로 말할 수 없는 부처님 세계 미진
수의 세계바다 밖을 지나서 세계가 있으니 이
름이 '비로자나원마니왕장'이고, 부처님 명호
는 '보광명최승수미왕'이시며, 그 부처님의 대
중 가운데 보살이 있으니 이름이 '원지광명당'

살 　　　명원지광명당 　　여세계해미진수보
薩하니 名願智光明幢이라 與世界海微塵數菩

살 　구 　　내향불소
薩로 俱하야 來向佛所하나라

어염념중 　일체상호 　일체모공 　일체신분
於念念中에 一切相好와 一切毛孔과 一切身分에

개출삼세일체여래형상운 　일체보살형상운
皆出三世一切如來形像雲과 一切菩薩形像雲과

일체여래중회형상운 　일체여래변화신형상
一切如來衆會形像雲과 一切如來變化身形像

운 　일체여래본생신형상운 　일체성문벽
雲과 一切如來本生身形像雲과 一切聲聞辟

지불형상운 　일체여래보리장형상운 　일
支佛形像雲과 一切如來菩提場形像雲과 一

체여래신변형상운 　일체세간주형상운
切如來神變形像雲과 一切世間主形像雲과

이다. 세계바다 미진수의 보살들과 함께 부처님 처소로 향하여 왔다.

생각생각 동안에 일체 상호와 일체 모공과 일체 몸의 부분에서 다 삼세 일체 여래의 형상 구름과, 일체 보살의 형상 구름과, 일체 여래의 대중모임 형상 구름과, 일체 여래의 변화한 몸 형상 구름과, 일체 여래의 본생 몸의 형상 구름과, 일체 성문과 벽지불의 형상 구름과, 일체 여래의 보리도량 형상 구름과, 일체 여래의 신통 변화 형상 구름과, 일체 세간 주인들의 형상 구름과, 일체 청정한 국토의 형상 구름을 내어 허공에 가득하였다.

일체 청정 국토 형상 운　　충만 허공
一切淸淨國土形像雲하야 充滿虛空하니라

지불소이　　정례불족　　즉어서북방　　화작
至佛所已에 頂禮佛足하고 卽於西北方에 化作

보조시방마니보장엄누각　　급보조세간보
普照十方摩尼寶莊嚴樓閣과 及普照世間寶

련화장사자지좌　　이무능승광명진주망
蓮華藏師子之座하야 以無能勝光明眞珠網으로

나부기신　　착보광명마니보관　　여기권
羅覆其身하며 著普光明摩尼寶冠하고 與其眷

속　　결가부좌
屬으로 結跏趺坐하나니라

하방　　과불가설불찰미진수세계해외
下方으로 過不可說佛刹微塵數世界海外하야

부처님 처소에 이르러서 부처님 발에 정례하고, 곧 서북방에 시방을 널리 비추는 마니보배로 장엄한 누각과 세간을 널리 비추는 보배 연화장 사자좌를 변화하여 만들고 이길 수 없는 광명 진주 그물로 그 몸에 두르고 넓은 광명 마니보배 관을 쓰고 그 권속들과 더불어 결가부좌하였다.

하방으로 말할 수 없는 부처님 세계 미진수의 세계바다 밖을 지나서 세계가 있으니 이름이 '일체여래원만광보조'이고, 부처님 명호는 '허공무애상지당왕'이시며, 그 부처님의 대중

유세계 　 명일체여래원만광보조 　 불호
有世界하니 名一切如來圓滿光普照요 佛号는

허공무애상지당왕 　 피불중중 　 유보살
虛空無礙相智幢王이시며 彼佛衆中에 有菩薩하니

명파일체장용맹지왕 　 여세계해미진수보
名破一切障勇猛智王이라 與世界海微塵數菩

살 　 구 　 내향불소
薩로 俱하야 來向佛所하니라

어일체모공중 　 출설일체중생어언해음성
於一切毛孔中에 出說一切衆生語言海音聲

운 　 출설일체삼세보살수행방편해음성운
雲하며 出說一切三世菩薩修行方便海音聲雲하며

출설일체보살소기원방편해음성운 　 출설일
出說一切菩薩所起願方便海音聲雲하며 出說一

체보살성만청정바라밀방편해음성운 　 출
切菩薩成滿淸淨波羅蜜方便海音聲雲하며 出

가운데 보살이 있으니 이름이 '파일체장용맹지왕'이다. 세계바다 미진수의 보살들과 함께 부처님 처소로 향하여 왔다.

일체 모공 속에서 일체 중생의 언어바다를 말하는 음성 구름을 내며, 일체 삼세 보살의 수행하는 방편바다를 말하는 음성 구름을 내며, 일체 보살이 일으킨 서원과 방편바다를 말하는 음성 구름을 내며, 일체 보살이 청정한 바라밀을 원만히 이루는 방편바다를 말하는 음성 구름을 내며, 일체 보살의 원만한 행이 일체 세계에 두루함을 말하는 음성 구름을 내었다.

설 일 체 보 살 원 만 행 변 일 체 찰 음 성 운
說一切菩薩圓滿行徧一切刹音聲雲하나라

출 설 일 체 보 살 성 취 자 재 용 음 성 운　　출 설 일
出說一切菩薩成就自在用音聲雲하며　出說一

체 여 래　　왕 예 도 량　　파 마 군 중　　성 등 정
切如來의　往詣道場하야　破魔軍衆하고　成等正

각　　자 재 용 음 성 운　　출 설 일 체 여 래 전 법 륜
覺한　自在用音聲雲하며　出說一切如來轉法輪

계 경 문 명 호 해 음 성 운　　출 설 일 체 수 응 교 화
契經門名号海音聲雲하며　出說一切隨應敎化

조 복 중 생 법 방 편 해 음 성 운　　출 설 일 체 수 시
調伏衆生法方便海音聲雲하며　出說一切隨時

수 선 근 수 원 력　　보 령 중 생 증 득 지 혜 방 편 해
隨善根隨願力하며　普令衆生證得智慧方便海

음 성 운
音聲雲하나라

일체 보살이 자재한 작용 성취함을 말하는 음성 구름을 내며, 일체 여래께서 도량에 나아가 마군의 무리를 부수고 등정각을 이루시는 자재한 작용을 말하는 음성 구름을 내며, 일체 여래께서 법륜을 굴리시던 경전 법문의 명호바다를 말하는 음성 구름을 내며, 일체 마땅함을 따라 중생을 교화하고 조복하는 법의 방편바다를 말하는 음성 구름을 내며, 일체 때를 따르고 선근을 따르고 원력을 따라서 널리 중생들로 하여금 지혜를 증득하게 하는 방편바다를 말하는 음성 구름을 내었다.

도불소이 　 정례불족 　 　 즉어하방 　 화작현
到佛所已_에 頂禮佛足_{하고} 即於下方_에 化作現

일체여래궁전형상중보장엄누각 　 급일체
一切如來宮殿形像衆寶莊嚴樓閣_과 及一切

보련화장사자지좌 　 　 착보현도량영마니보
寶蓮華藏師子之座_{하며} 著普現道場影摩尼寶

관 　 　 여기권속 　 　 결가부좌
冠_{하고} 與其眷屬_{으로} 結跏趺坐_{하나니라}

상방 　 　 과불가설불찰미진수세계해외
上方_{으로} 過不可說佛刹微塵數世界海外_{하야}

유세계 　 　 명설불종성무유진 　 　 불호 　 보지
有世界_{하니} 名說佛種性無有盡_{이요} 佛号_는 普智

륜광명음 　 　 피불중중 　 　 유보살 　 명법계
輪光明音_{이시며} 彼佛衆中_에 有菩薩_{하니} 名法界

부처님 처소에 이르러서 부처님 발에 정례하고, 곧 하방에 일체 여래의 궁전 형상을 나타내는 온갖 보배로 장엄한 누각과 일체 보배 연화장 사자좌를 변화하여 만들고 널리 도량의 그림자를 나타내는 마니보배 관을 쓰고 그 권속들과 더불어 결가부좌하였다.

상방으로 말할 수 없는 부처님 세계 미진수의 세계바다 밖을 지나서 세계가 있으니 이름이 '설불종성무유진'이고, 부처님 명호는 '보지륜광명음'이시며, 그 부처님의 대중 가운데 보살이 있으니 이름이 '법계차별원'이다. 세계

차별원 여세계해미진수보살 구 발피
差別願이라 與世界海微塵數菩薩로 俱하야 發彼

도량 내향차사바세계석가모니불소
道場하야 來向此娑婆世界釋迦牟尼佛所하니라

어일체상호 일체모공 일체신분 일체지
於一切相好와 一切毛孔과 一切身分과 一切肢

절 일체장엄구 일체의복중 현비로자나
節과 一切莊嚴具와 一切衣服中에 現毗盧遮那

등과거일체제불 미래일체제불 이득수
等過去一切諸佛과 未來一切諸佛의 已得授

기미수기자 현재시방일체국토 일체제
記未授記者와 現在十方一切國土에 一切諸

불 병기중회
佛과 并其眾會하니라

역현과거 행단나바라밀 급기일체수보
亦現過去에 行檀那波羅蜜과 及其一切受布

바다 미진수의 보살들과 함께 저 도량에서 출발하여 이 사바세계의 석가모니부처님 처소로 향하여 왔다.

일체 상호와, 일체 모공과, 일체 몸의 부분과, 일체 손가락 발가락과, 일체 장엄거리와, 일체 의복 가운데 비로자나 등 과거의 일체 모든 부처님과 미래의 일체 모든 부처님의 이미 수기를 받았거나 아직 수기를 받지 못한 자와, 현재 시방 일체 국토의 일체 모든 부처님과 아울러 그 대중모임을 나타내었다.

또 과거에 보시바라밀을 행함과 그리고 그 일체 보시를 받은 자의 모든 본생 일바다를

시자 제본사해 역현과거 행시라바라
施者의 諸本事海하며 亦現過去에 行尸羅波羅

밀제본사해 역현과거행찬제바라밀 할
蜜諸本事海하며 亦現過去行羼提波羅蜜에 割

절지체 심무동란제본사해
截肢體호대 心無動亂諸本事海하니라

역현과거행정진바라밀 용맹불퇴제본사
亦現過去行精進波羅蜜에 勇猛不退諸本事

해 역현과거 구일체여래선바라밀해
海하며 亦現過去에 求一切如來禪波羅蜜海하야

이득성취제본사해 역현과거 구일체불
而得成就諸本事海하며 亦現過去에 求一切佛의

소전법륜 소성취법 발용맹심 일체개
所轉法輪과 所成就法에 發勇猛心하야 一切皆

사제본사해
捨諸本事海하니라

나타내며, 또 과거에 지계바라밀을 행하던 모든 본생 일바다를 나타내며, 또 과거에 인욕바라밀을 행함에 사지와 몸을 도려내어도 마음이 흔들리거나 어지럽지 않던 모든 본생 일바다를 나타내었다.

또 과거에 정진바라밀을 행함에 용맹하게 물러나지 않던 모든 본생 일바다를 나타내며, 또 과거에 일체 여래의 선바라밀바다를 구하여 성취하던 모든 본생 일바다를 나타내며, 또 과거에 일체 부처님께서 굴리신 법륜과 성취하신 법을 구함에 용맹한 마음을 내어 일체를 다 버리던 모든 본생 일바다를 나타내었다.

역현과거　　낙견일체불　　낙행일체보살도
亦現過去에 樂見一切佛과 樂行一切菩薩道와

낙화일체중생계제본사해　　　역현과거소발
樂化一切衆生界諸本事海하며 亦現過去所發

일체보살대원　　청정장엄제본사해　　　역현
一切菩薩大願의 淸淨莊嚴諸本事海하며 亦現

과거보살소성역바라밀　　용맹청정제본사
過去菩薩所成力波羅蜜의 勇猛淸淨諸本事

해　　　역현과거일체보살소수원만지바라밀
海하며 亦現過去一切菩薩所修圓滿智波羅蜜의

제본사해
諸本事海하니라

여시일체본사해　　실개변만광대법계
如是一切本事海가 悉皆徧滿廣大法界하니라

지불소이　　정례불족　　즉어상방　　화작일
至佛所已에 頂禮佛足하고 卽於上方에 化作一

또 과거에 일체 부처님 친견하기를 즐겨하고 일체 보살도를 행하기를 즐겨하고 일체 중생계를 교화하기를 즐겨하던 모든 본생 일바다를 나타내며, 또 과거에 내었던 일체 보살의 큰 서원으로 청정하게 장엄하던 모든 본생 일바다를 나타내며, 또 과거에 보살이 이루던 역바라밀의 용맹하고 청정한 모든 본생 일바다를 나타내며, 또 과거에 일체 보살이 닦아 원만하게 하던 지바라밀의 모든 본생 일바다를 나타내었다.

이와 같은 일체 본생 일바다가 모두 다 광대한 법계에 두루 가득하였다.

체금강장장엄누각　　급제청금강왕연화장
切金剛藏莊嚴樓閣과　及帝靑金剛王蓮華藏

사자지좌　　이일체보광명마니왕망　　나
師子之座하야　以一切寶光明摩尼王網으로　羅

부기신　　이연설삼세여래명마니보왕
覆其身하며　以演說三世如來名摩尼寶王으로

위계명주　　여기권속　　결가부좌
爲髻明珠하고　與其眷屬으로　結跏趺坐하나니라

여시시방일체보살　　병기권속　　개종보현
如是十方一切菩薩과　并其眷屬이　皆從普賢

보살행원중생
菩薩行願中生이니라

이정지안　　견삼세불　　보문일체제불여
以淨智眼으로　見三世佛하며　普聞一切諸佛如

부처님 처소에 이르러서 부처님 발에 정례하고, 곧 상방에 일체 금강장으로 장엄한 누각과 제청 금강왕 연화장 사자좌를 변화하여 만들고 일체 보배 광명 마니왕 그물로 그 몸에 두르고 삼세 여래의 명호를 연설하는 마니보배왕으로 상투의 밝은 구슬을 삼고 그 권속들과 더불어 결가부좌하였다.

이와 같이 시방의 일체 보살과 아울러 그 권속들이 다 보현 보살의 행원 가운데서 태어났다.

청정한 지혜 눈으로 삼세 부처님을 친견하

래소전법륜수다라해　　이득지어일체보살
來所轉法輪修多羅海하며　已得至於一切菩薩

자재피안　　어염념중　　현대신변　　친근
自在彼岸하며　於念念中에　現大神變하야　親近

일체제불여래　　일신　충만일체세계일체
一切諸佛如來하며　一身이　充滿一切世界一切

여래중회도량
如來衆會道場하니라

어일진중　보현일체세간경계　　교화성숙
於一塵中에　普現一切世間境界하야　敎化成熟

일체중생　　미증실시　　일모공중　　출일
一切衆生호대　未曾失時하며　一毛孔中에　出一

체여래설법음성
切如來說法音聲하니라

지일체중생　실개여환　　지일체불　실개
知一切衆生이　悉皆如幻하며　知一切佛이　悉皆

며, 일체 모든 부처님 여래께서 굴리신 법륜인 수다라바다를 널리 들으며, 일체 보살의 자재한 피안에 이미 이르렀으며, 생각생각에 큰 신통 변화를 나타내어 일체 모든 부처님 여래를 친근하며, 한 몸이 일체 세계 일체 여래의 대중이 모인 도량에 가득하였다.

한 티끌 속에 일체 세간의 경계를 널리 나타내어 일체 중생을 교화하여 성숙시키되 일찍이 때를 잃지 아니하였으며, 한 모공 속에서 일체 여래의 설법하시는 음성을 내었다.

일체 중생이 모두 다 환과 같음을 알며, 일

여영 　　　지일체제취수생 　　실개여몽 　　　지
如影하며 知一切諸趣受生이 悉皆如夢하며 知

일체업보 　　여경중상 　　　지일체제유생기
一切業報가 如鏡中像하며 知一切諸有生起가

여열시염 　　　지일체세계 　　개여변화 　　　성
如熱時燄하며 知一切世界가 皆如變化하야 成

취여래십력무외
就如來十力無畏하나라

용맹자재 　　　능사자후 　　　심입무진변재대
勇猛自在하야 能師子吼하며 深入無盡辯才大

해 　　　득일체중생언사해제법지 　　어허공법
海하며 得一切衆生言辭海諸法智하며 於虛空法

계 　소행무애 　　　지일체법 　　무유장애
界에 所行無礙하며 知一切法이 無有障礙하나라

일체보살신통경계 　　　실이청정 　　　용맹정
一切菩薩神通境界가 悉已淸淨하며 勇猛精

체 부처님이 모두 다 그림자와 같음을 알며, 일체 모든 갈래에 태어남이 모두 다 꿈과 같음을 알며, 일체 업보가 거울 속의 영상과 같음을 알며, 일체 모든 존재의 일어남이 아지랑이와 같음을 알며, 일체 세계가 다 변화함과 같음을 알아서, 여래의 십력과 두려움 없음을 성취하였다.

용맹하고 자재하여 능히 사자후하며, 다함없는 변재의 큰 바다에 깊이 들어가며, 일체 중생의 말의 바다와 모든 법의 지혜를 얻으며, 허공 법계에 다니는 바가 걸림이 없으며, 일체 법이 장애가 없음을 알았다.

進_{하야} 摧伏魔軍_{하니라}

恒以智慧_로 了達三世_{하며} 知一切法_이 猶如虛

空_{하야} 無有違諍_{하고} 亦無取著_{하며} 雖勤精進_{이나}

而知一切智_가 終無所來_{하며} 雖觀境界_나 而知

一切有_가 悉不可得_{하며} 以方便智_로 入一切法

界_{하며} 以平等智_로 入一切國土_{하니라}

以自在力_{으로} 令一切世界_로 展轉相入_{하며} 於

一切世界_에 處處受生_{하며} 見一切世界_의 種種

일체 보살의 신통한 경계가 다 이미 청정하였으며, 용맹하게 정진하여 마군을 꺾어 굴복시켰다.

항상 지혜로 삼세를 밝게 통달하며, 일체 법이 마치 허공과 같아서 어기거나 다툼이 없고 또한 집착이 없음을 알며, 비록 부지런히 정진하나 일체지가 마침내 온 바가 없음을 알며, 비록 경계를 보나 일체 존재가 모두 얻을 수 없음을 알며, 방편의 지혜로 일체 법계에 들어가며, 평등한 지혜로 일체 국토에 들어갔다.

자재한 힘으로 일체 세계로 하여금 더욱 더

형상   어미세경   현광대찰   어광대경
形相하며 於微細境에 現廣大刹하며 於廣大境에

현미세찰   어일불소일념지경   득일체불
現微細刹하며 於一佛所一念之頃에 得一切佛

위신소가   보견시방   무소미혹   어찰
威神所加하야 普見十方하야 無所迷惑하며 於刹

나경   실능왕예
那頃에 悉能往詣하나니라

여시등일체보살   만서다림   개시여래위
如是等一切菩薩이 滿逝多林하니 皆是如來威

신지력
神之力이러라

서로 들어가게 하며, 일체 세계에 곳곳마다 태어나서 일체 세계의 갖가지 형상을 보며, 미세한 경계에서 광대한 세계를 나타내며, 광대한 경계에서 미세한 세계를 나타내며, 한 부처님 처소에서 한 생각 사이에 일체 부처님의 위신력으로 가피하신 바를 얻어서 널리 시방을 보아 미혹한 바가 없으며, 찰나 사이에 모두 나아갈 수 있었다.

이와 같은 등 일체 보살이 서다림에 가득하였으니, 모두 여래의 위신력이었다.

우시　상수제대성문　사리불　대목건련
于時에　上首諸大聲聞인　舍利弗과　大目揵連과

마하가섭　이바다　수보리　아누루타　난
摩訶迦葉과　離婆多와　須菩提와　阿㝹樓馱와　難

타　겁빈나　가전연　부루나등　제대성
陀와　劫賓那와　迦旃延과　富樓那等의　諸大聲

문　재서다림
聞이　在逝多林하니라

개실불견여래신력　여래엄호　여래경계
皆悉不見如來神力과　如來嚴好와　如來境界와

여래유희　여래신변　여래존승　여래묘행
如來遊戲와　如來神變과　如來尊勝과　如來妙行과

여래위덕　여래주지　여래정찰
如來威德과　如來住持와　如來淨刹하나니라

무슨 까닭인가?

여래의 경계는 매우 깊고 광대하여 보기 어렵고 알기 어려우며 측량하기 어렵고 헤아리기 어려우며, 모든 세간을 초월하여 불가사의하며 능히 파괴할 자가 없어서 일체 이승의 경계가 아니다.

그러므로 여래의 자재하신 위신력과 보살 대중모임과 서다림이 일체 청정한 세계에 널리 두루한, 이와 같은 등의 일을 모든 큰 성문들은 모두 알거나 보지 못하니 그 그릇이 아닌 까닭이다.

이시 　 비로자나원광명보살 　 승불신력
爾時에 毗盧遮那願光明菩薩이 承佛神力하야

관찰시방 　 이설송언
觀察十方하고 而說頌言하니라

여등응관찰 　 　 　 　 불도부사의
汝等應觀察 　 　 　 　 佛道不思議하라

어차서다림 　 　 　 　 시현신통력
於此逝多林에 　 　 　 示現神通力이로다

선서위신력 　 　 　 　 소현무앙수
善逝威神力으로 　 　 所現無央數라

일체제세간 　 　 　 　 미혹불능료
一切諸世間이 　 　 迷惑不能了로다

이때에 비로자나원광명 보살이 부처님의 위
신력을 받들어 시방을 살펴보고 게송을 설하
여 말씀하였다.

그대들은 마땅히
부처님의 도가 부사의함을 살펴보라.
이 서다림에서
신통한 힘을 나타내 보이시도다.

선서의 위신력으로
나타내시는 바가 다함없어
일체 모든 세간이
미혹하여 능히 알지 못하도다.

법왕심묘법
法王深妙法이

무량난사의
無量難思議라

소현제신통
所現諸神通을

거세막능측
擧世莫能測이로다

이요법무상
以了法無相일새

시고명위불
是故名爲佛이나

이구상장엄
而具相莊嚴하니

칭양불가진
稱揚不可盡이로다

금어차림내
今於此林內에

시현대신력
示現大神力이

심심무유변
甚深無有邊하야

언사막능변
言辭莫能辯이로다

법왕의 깊고 미묘한 법이
한량없고 생각하기 어려워
나타내신 바 모든 신통을
온 세상이 헤아릴 수 없도다.

법이 모양 없음을 알았으니
그러므로 부처님이라 이름하지만
모양을 갖추어 장엄하심을
칭찬하여도 다할 수 없도다.

지금 이 서다림 안에서
큰 위신력을 나타내 보이심이
매우 깊고 끝이 없어서
말로 분별할 수 없도다.

여관대위덕
汝觀大威德

무량보살중
無量菩薩衆하라

시방제국토
十方諸國土에

이래견세존
而來見世尊이로다

소원개구족
所願皆具足하며

소행무장애
所行無障礙하니

일체제세간
一切諸世間이

무능측량자
無能測量者로다

일체제연각
一切諸緣覺과

급피대성문
及彼大聲聞은

개실불능지
皆悉不能知

보살행경계
菩薩行境界로다

그대들은 큰 위덕의
한량없는 보살 대중들을 보라.
시방의 모든 국토에서
와서 세존을 친견하도다.

원하는 바가 다 구족하고
행하는 바가 장애가 없으니
일체 모든 세간에서
능히 측량할 자가 없도다.

일체 모든 연각과
저 큰 성문들은
모두 다 보살의 행하는 경계를
알 수 없도다.

보살대지혜
菩薩大智慧가

제지실구경
諸地悉究竟하고

고건용맹당
高建勇猛幢하니

난최난가동
難摧難可動이로다

제대명칭사
諸大名稱士의

무량삼매력
無量三昧力으로

소현제신변
所現諸神變이

법계실충만
法界悉充滿이로다

이시　불가괴정진왕보살　승불신력　　관
爾時에 不可壞精進王菩薩이 承佛神力하야 觀

찰시방　　이설송언
察十方하고 而說頌言하니라

보살의 큰 지혜는
모든 지위를 모두 끝까지 다하고
용맹한 당기를 높이 세우니
꺾기 어렵고 흔들기 어렵도다.

모든 크게 이름난 보살들이
한량없는 삼매의 힘으로
나타내는 모든 신통 변화가
법계에 모두 충만하도다.

이때에 불가괴정진왕 보살이 부처님의 위신

력을 받들어 시방을 살펴보고 게송을 설하여

말씀하였다.

여관제불자
汝觀諸佛子하라

지혜공덕장
智慧功德藏과

구경보리행
究竟菩提行으로

안은제세간
安隱諸世間이로다

기심본명달
其心本明達하야

선입제삼매
善入諸三昧하며

지혜무변제
智慧無邊際하니

경계불가량
境界不可量이로다

금차서다림
今此逝多林이

종종개엄식
種種皆嚴飾하니

보살중운집
菩薩衆雲集하야

친근여래주
親近如來住로다

그대들은 모든 불자들을 보라.

지혜와 공덕의 창고와

구경의 보리행으로

모든 세간을 편안하게 하도다.

그 마음은 본래 밝고 통달하여

모든 삼매에 잘 들어가

지혜는 끝이 없고

경계는 헤아릴 수 없도다.

지금 이 서다림이

갖가지로 다 장엄하게 꾸며지고

보살 대중들이 구름처럼 모여서

여래를 친근하고 머무르도다.

여관무소착
汝觀無所著인

무량대중해
無量大衆海하라

시방내예차
十方來詣此하야

좌보련화좌
坐寶蓮華座로다

무래역무주
無來亦無住하며

무의무희론
無依無戲論하며

이구심무애
離垢心無礙하야

구경어법계
究竟於法界로다

건립지혜당
建立智慧幢하야

견고부동요
堅固不動搖하며

지무변화법
知無變化法호대

이현변화사
而現變化事로다

그대들은 집착하는 바 없는
한량없는 대중바다를 보라.
시방에서 이곳에 이르러 와서
보배 연꽃 자리에 앉았도다.

옴도 없고 또한 머무름도 없으며
의지함도 없고 희론도 없으며
때를 여읜 마음은 걸림이 없어
법계에 끝까지 이르렀도다.

지혜의 당기를 세우니
견고하여 흔들리지 않으며
변화가 없는 법을 알지만
변화하는 일을 나타내도다.

시방무량찰
十方無量刹

일체제불소
一切諸佛所에

동시실왕예
同時悉往詣호대

이역불분신
而亦不分身이로다

여관석사자
汝觀釋師子의

자재신통력
自在神通力하라

능령보살중
能令菩薩衆으로

일체구래집
一切俱來集이로다

일체제불법
一切諸佛法이

법계실평등
法界悉平等호대

언설고부동
言說故不同을

차중함통달
此衆咸通達이로다

시방의 한량없는 세계

일체 모든 부처님 처소에

동시에 모두 나아가지만

또한 몸을 나누지 아니하도다.

그대들은 석가 사자의

자재하신 신통한 힘을 보라.

능히 보살 대중들로 하여금

일체가 함께 와서 모이게 하도다.

일체 모든 부처님 법이

법계가 다 평등하되

말인 까닭으로 같지 않음을

이 대중들이 모두 통달하였도다.

제불상안주
諸佛常安住

법계평등제
法界平等際나

연설차별법
演說差別法에

언사무유진
言辭無有盡이로다

이시　보승무상위덕왕보살　승불신력
爾時에 普勝無上威德王菩薩이 承佛神力하야

관찰시방　이설송언
觀察十方하고 而說頌言하니라

여관무상사
汝觀無上士의

광대지원만
廣大智圓滿하라

선달시비시
善達時非時하야

위중연설법
爲衆演說法이로다

모든 부처님께서 항상
법계의 평등한 경계에 안주하시어
차별한 법을 연설하시니
말씀이 다함이 없도다.

이때에 보승무상위덕왕 보살이 부처님의 위
신력을 받들어 시방을 살펴보고 게송을 설하
여 말씀하였다.

그대들은 위없는 보살들의
광대한 지혜가 원만함을 보라.
때와 때 아닌 것을 잘 통달하고
대중들을 위하여 법을 연설하도다.

최복중외도
摧伏衆外道와

일체제이론
一切諸異論하고

보수중생심
普隨衆生心하야

위현신통력
爲現神通力이로다

정각비유량
正覺非有量이며

역부비무량
亦復非無量이니

약양약무량
若量若無量을

모니실초월
牟尼悉超越이로다

여일재허공
如日在虛空에

조림일체처
照臨一切處인달하야

불지역여시
佛智亦如是하야

요달삼세법
了達三世法이로다

온갖 외도의 일체 모든 다른 논리를

꺾어 굴복시키고

널리 중생들의 마음을 따라

신통한 힘을 나타내도다.

바른 깨달음은 한량이 있는 것이 아니며

또한 한량이 없는 것도 아니니

한량있는 것과 한량없는 것을

모니께서 모두 초월하시었도다.

마치 해가 허공에 있음에

일체 처를 비추듯이

부처님 지혜도 또한 이와 같아서

삼세의 법을 밝게 통달하시었도다.

비여십오야
譬如十五夜에

월륜무감결
月輪無減缺인달하야

여래역부연
如來亦復然하야

백법실원만
白法悉圓滿이로다

비여공중일
譬如空中日이

운행무잠이
運行無暫已인달하야

여래역여시
如來亦如是하야

신변항상속
神變恒相續이로다

비여시방찰
譬如十方刹이

어공무소애
於空無所礙인달하야

세등현변화
世燈現變化도

어세역부연
於世亦復然이로다

비유하면 마치 보름날 밤에는
달이 줄거나 이지러짐이 없듯이
여래도 또한 그러하여
흰 법이 모두 원만하도다.

비유하면 마치 허공 가운데 해가
운행을 잠깐도 그만둠이 없듯이
여래께서도 또한 이와 같아서
신통 변화를 항상 계속하시도다.

비유하면 마치 시방세계가
허공에 걸리는 바가 없듯이
세간 등불이 세상에 변화를 나타냄도
또한 그러하도다.

비여세간지
譬如世閒地가

군생지소의
羣生之所依인달하야

조세등법륜
照世燈法輪도

위의역여시
爲依亦如是로다

비여맹질풍
譬如猛疾風이

소행무장애
所行無障礙인달하야

불법역여시
佛法亦如是하야

속변어세간
速徧於世閒이로다

비여대수륜
譬如大水輪이

세계소의주
世界所依住인달하야

지혜륜역이
智慧輪亦爾하야

삼세불소의
三世佛所依로다

비유하면 마치 세간의 대지가
군생들이 의지하는 곳이듯이
세상을 비추는 등불의 법륜도
의지가 됨이 또한 이와 같도다.

비유하면 마치 맹렬하고 빠른 바람이
부는 바에 장애가 없듯이
부처님 법도 또한 이와 같아서
세간에 빠르게 두루하도다.

비유하면 마치 큰 물둘레가
세계의 의지하여 머무르는 바이듯이
지혜 바퀴도 또한 그러하여
삼세 부처님의 의지하신 바로다.

이시　　무애승장왕보살　　승불신력　　　관찰
爾時에　無礙勝藏王菩薩이　承佛神力하야　觀察

시방　　　이설송언
十方하고　而說頌言하니라

비여대보산　　　　　　　요익제함식
譬如大寶山이　　　　　　饒益諸含識인달하야

불산역여시　　　　　　　보익어세간
佛山亦如是하야　　　　　普益於世間이로다

비여대해수　　　　　　　징정무구탁
譬如大海水가　　　　　　澄淨無垢濁인달하야

견불역여시　　　　　　　능제제갈애
見佛亦如是하야　　　　　能除諸渴愛로다

이때에 무애승장왕 보살이 부처님의 위신력을 받들어 시방을 살펴보고 게송을 설하여 말씀하였다.

비유하면 마치 큰 보배 산이
모든 중생들을 요익하게 하듯이
부처님 산도 또한 이와 같아서
세간을 널리 이익하게 하도다.

비유하면 마치 큰 바닷물이
맑고 깨끗하여 더러움이 없듯이
부처님을 친견함도 또한 이와 같아서
모든 갈애를 능히 없애 주도다.

비 여 수 미 산
譬如須彌山이

출 어 대 해 중
出於大海中인달하야

세 간 등 역 이
世間燈亦爾하야

종 어 법 해 출
從於法海出이로다

여 해 구 중 보
如海具衆寶에

구 자 개 만 족
求者皆滿足인달하야

무 사 지 역 연
無師智亦然하야

견 자 실 개 오
見者悉開悟로다

여 래 심 심 지
如來甚深智가

무 량 무 유 수
無量無有數일새

시 고 신 통 력
是故神通力으로

시 현 난 사 의
示現難思議로다

비유하면 마치 수미산이

큰 바다에서 솟았듯이

세간 등불도 또한 그러하여

법의 바다로부터 나왔도다.

마치 바다가 온갖 보배를 갖춤에

구하는 자가 다 만족하듯이

스승 없는 지혜도 또한 그러하여

보는 자가 모두 깨닫도다.

여래의 매우 깊은 지혜가

한량없고 수없으니,

그러므로 신통한 힘으로

나타내 보임이 생각하기 어렵도다.

비여공환사
譬如工幻師가

시현종종사
示現種種事인달하야

불지역여시
佛智亦如是하야

현제자재력
現諸自在力이로다

비여여의보
譬如如意寶가

능만일체욕
能滿一切欲인달하야

최승역부연
最勝亦復然하야

만제청정원
滿諸清淨願이로다

비여명정보
譬如明淨寶가

보조일체물
普照一切物인달하야

불지역여시
佛智亦如是하야

보조군생심
普照羣生心이로다

비유하면 마치 공교한 환술사가

갖가지 일을 나타내 보이듯이

부처님의 지혜도 또한 이와 같아서

모든 자재한 힘을 나타내도다.

비유하면 마치 여의 보배가

일체 욕구를 능히 만족하게 하듯이

가장 수승한 이도 또한 그러하여

모든 청정한 서원을 만족하게 하도다.

비유하면 마치 밝고 깨끗한 보배가

일체 사물을 널리 비추듯이

부처님의 지혜도 또한 이와 같아서

중생들의 마음을 널리 비추도다.

비여팔면보
譬如八面寶가

등감어제방
等鑒於諸方인달하야

무애등역연
無礙燈亦然하야

보조어법계
普照於法界로다

비여수청주
譬如水淸珠가

능청제탁수
能淸諸濁水인달하야

견불역여시
見佛亦如是하야

제근실청정
諸根悉淸淨이로다

이시　화현법계원월왕보살　승불신력
爾時에　**化現法界願月王菩薩**이　**承佛神力**하야

관찰시방　이설송언
觀察十方하고　**而說頌言**하니라

비유하면 마치 팔면의 보배가

모든 방위를 평등하게 비추듯이

걸림 없는 등불도 또한 그러하여

법계를 널리 비추도다.

비유하면 마치 물을 맑히는 구슬이

모든 흐린 물을 능히 맑히듯이

부처님을 친견함도 또한 이와 같아서

모든 근이 다 청정해지도다.

이때에 화현법계원월왕 보살이 부처님의 위신력을 받들어 시방을 살펴보고 게송을 설하여 말씀하였다.

비여제청보
譬如帝靑寶가

능청일체색
能靑一切色인달하야

견불자역연
見佛者亦然하야

실발보리행
悉發菩提行이로다

일일미진내
一一微塵內에

불현신통력
佛現神通力하사

영무량무변
令無量無邊한

보살개청정
菩薩皆淸淨이로다

심심미묘력
甚深微妙力을

무변불가지
無邊不可知라

보살지경계
菩薩之境界니

세간막능측
世間莫能測이로다

비유하면 마치 제청보배가

일체 색을 능히 푸르게 하듯이

부처님을 친견하는 자도 또한 그러하여

모두 보리의 행을 내게 되도다.

낱낱 미진 속에서

부처님께서 신통한 힘을 나타내시어

한량없고 가없는

보살들을 다 청정하게 하시도다.

매우 깊고 미묘한 힘은

가없어 알 수 없으니

보살의 경계도

세간에서 헤아릴 수 없도다.

여래소현신
如來所現身이

청정상장엄
清淨相莊嚴하사

보입어법계
普入於法界하야

성취제보살
成就諸菩薩이로다

난사불국토
難思佛國土에

어중성정각
於中成正覺하시니

일체제보살
一切諸菩薩과

세주개충만
世主皆充滿이로다

석가무상존
釋迦無上尊이

어법실자재
於法悉自在하사

시현신통력
示現神通力하시니

무변불가량
無邊不可量이로다

여래께서 나타내시는 몸은
청정한 모양으로 장엄하시고
법계에 널리 들어가시어
모든 보살들을 성취하시도다.

생각하기 어려운 부처님 국토
거기서 정각을 이루시니
일체 모든 보살과
세주들이 다 가득하도다.

석가 위없는 세존께서
법에 모두 자재하시어
신통한 힘을 나타내 보이시니
가없고 헤아릴 수 없도다.

보살종종행
菩薩種種行이

무량무유진
無量無有盡하니

여래자재력
如來自在力으로

위지실시현
爲之悉示現이로다

불자선수학
佛子善修學

심심제법계
甚深諸法界하야

성취무애지
成就無礙智하야

명료일체법
明了一切法이로다

선서위신력
善逝威神力으로

위중전법륜
爲衆轉法輪하시니

신변보충만
神變普充滿하야

영세개청정
令世皆淸淨이로다

보살들의 갖가지 행이
한량없고 다함없으니
여래의 자재하신 힘으로
모두 나타내 보이도다.

불자들이 매우 깊은 모든 법계를
잘 닦아 배워서
걸림 없는 지혜를 성취하여
일체 법을 밝게 알도다.

선서의 위신력으로
대중들을 위하여 법륜을 굴리시니
신통 변화가 널리 충만하여
세상을 다 청정하게 하시도다.

여래지원만
如來智圓滿하며

경계역청정
境界亦淸淨하니

비여대용왕
譬如大龍王이

보제제군생
普濟諸羣生이로다

이시　법혜광염왕보살　승불신력　관찰
爾時에 法慧光燄王菩薩이 承佛神力하야 觀察

시방　이설송언
十方하고 而說頌言하니라

삼세제여래
三世諸如來의

성문대제자
聲聞大弟子가

실불능지불
悉不能知佛의

거족하족사
擧足下足事하며

여래는 지혜가 원만하고

경계도 또한 청정하니

비유하면 마치 큰 용왕이

모든 군생들을 널리 구제함과 같도다.

이때에 법혜광염왕 보살이 부처님의 위신력을 받들어 시방을 살펴보고 게송을 설하여 말씀하였다.

삼세 모든 여래의

성문 큰 제자들이

부처님의 발을 들고 발을 내리시는 일을

모두 알 수 없도다.

거래현재세
去來現在世에

일체제연각
一切諸緣覺도

역부지여래
亦不知如來의

거족하족사
擧足下足事어든

황부제범부
況復諸凡夫는

결사소전박
結使所纏縛이며

무명부심식
無明覆心識이어니

이능지도사
而能知導師아

정각무애지
正覺無礙智가

초과어언도
超過語言道하야

기량불가측
其量不可測이니

숙유능지견
孰有能知見가

과거 미래 현재 세상의

일체 모든 연각들도

여래의 발을 들고 발을 내리시는 일을

알지 못하는데

하물며 모든 범부들은

번뇌에 얽히고 묶인 바이며

무명이 심식을 뒤덮었으니

능히 도사를 알리오.

정각의 걸림 없는 지혜가

언어의 길을 뛰어넘어

그 양을 헤아릴 수 없으니

누가 능히 알고 봄이 있으리오.

비여명월광
譬如明月光을

무능측변제
無能測邊際인달하야

불신통역이
佛神通亦爾하야

막견기종진
莫見其終盡이로다

일일제방편
一一諸方便과

염념소변화
念念所變化를

진어무량겁
盡於無量劫토록

사유불능료
思惟不能了로다

사유일체지
思惟一切智의

불가사의법
不可思議法호니

일일방편문
一一方便門이

변제불가득
邊際不可得이로다

비유하면 마치 밝은 달빛을
끝 경계를 잴 수 없듯이
부처님 신통도 또한 그리하여
그 끝을 볼 수 없도다.

낱낱 모든 방편과
생각생각 변화하는 바를
한량없는 겁을 다하도록
생각하여도 알 수 없도다.

일체 지혜의
불가사의한 법을 생각해보니
낱낱 방편문의
끝 경계를 얻을 수 없도다.

약유어차법
若有於此法에

이흥광대원
而興廣大願이면

피어차경계
彼於此境界에

지견불위난
知見不爲難이로다

용맹근수습
勇猛勤修習

난사대법해
難思大法海하면

기심무장애
其心無障礙하야

입차방편문
入此方便門이로다

심의이조복
心意已調伏하며

지원역관광
志願亦寬廣하면

당획대보리
當獲大菩提의

최승지경계
最勝之境界로다

만약 어떤 이가 이 법에
광대한 원을 일으키면
그는 이 경계를
알고 보는 것이 어렵지 않도다.

생각하기 어려운 큰 법바다를
용맹하게 부지런히 닦아 익히면
그 마음은 장애가 없어서
이 방편문에 들어가리라.

마음은 이미 조복되었고
뜻과 서원도 또한 넓고 넓어서
마땅히 큰 보리의
가장 수승한 경계를 얻으리라.

이시　파일체마군지당왕보살　승불신력
爾時에 破一切魔軍智幢王菩薩이 承佛神力하야

관찰시방　　이설송언
觀察十方하고 而說頌言하니라

지신비시신
智身非是身이라

무애난사의
無礙難思議니

설유사의자
設有思議者라도

일체무능급
一切無能及이로다

종부사의업
從不思議業하야

기차청정신
起此淸淨身하니

수특묘장엄
殊特妙莊嚴이

불착어삼계
不著於三界로다

그때에 파일체마군지당왕 보살이 부처님의 위신력을 받들어 시방을 살펴보고 게송을 설하여 말씀하였다.

지혜의 몸은 몸이 아니니
걸림도 없고 생각하기 어려워
설령 생각하는 자가 있어도
일체가 미칠 수 없도다.

부사의한 업으로부터
이 청정한 몸이 일어나니
특수하고 미묘한 장엄이
삼계에 집착하지 않도다.

광명조일체
光明照一切하야

법계실청정
法界悉淸淨하니

개불보리문
開佛菩提門하야

출생중지혜
出生衆智慧로다

비여세간일
譬如世間日하야

보방혜광명
普放慧光明하야

원리제진구
遠離諸塵垢하고

멸제일체장
滅除一切障이로다

보정삼유처
普淨三有處하며

영절생사류
永絶生死流하고

성취보살도
成就菩薩道하야

출생무상각
出生無上覺이로다

광명이 일체를 비추어
법계가 모두 청정하니
부처님 보리의 문을 열어
온갖 지혜를 출생하도다.

비유하면 마치 세간의 해와 같아서
지혜의 광명을 널리 놓아
모든 티끌과 때를 멀리 여의고
일체 장애를 멸하여 없애도다.

널리 삼유의 처소를 깨끗이 하여
생사의 흐름을 영원히 끊고
보살의 도를 성취하여
위없는 깨달음을 출생하도다.

시현무변색
示現無邊色하니

차색무의처
此色無依處라

소현수무량
所現雖無量이나

일체부사의
一切不思議로다

보리일념경
菩提一念頃에

능각일체법
能覺一切法이어니

운하욕측량
云何欲測量

여래지변제
如來智邊際리오

일념실명달
一念悉明達

일체삼세법
一切三世法일새

고설불지혜
故說佛智慧가

무진무능괴
無盡無能壞로다

가없는 빛을 나타내 보이니
이 빛이 의지한 곳 없어
나타낸 바가 비록 한량없으나
일체가 부사의하도다.

보리의 한 생각 사이에
능히 일체 법을 깨닫지만
여래 지혜의 끝 경계를
어떻게 측량하고자 하리오.

한 생각에 일체 삼세의 법을
모두 밝게 통달하니
그러므로 부처님 지혜는
다함없고 무너뜨릴 수도 없다고 말하도다.

지자응여시　　　　　전사불보리
智者應如是　　　　**專思佛菩提**니

차사난사의　　　　　사지불가득
此思難思議라　　　**思之不可得**이로다

보리불가설　　　　　초과어언로
菩提不可說이라　　**超過語言路**니

제불종차생　　　　　시법난사의
諸佛從此生일새　　**是法難思議**로다

이시　　원지광명당왕보살　　승불신력　　　관
爾時에　**願智光明幢王菩薩**이　**承佛神力**하야　**觀**

찰시방　　이설송언
察十方하고　**而說頌言**하니라

지혜 있는 자는 마땅히 이와 같이

부처님의 보리만 오로지 생각하니

이 생각은 생각하기 어려워

생각해도 얻을 수 없도다.

보리는 말할 수 없음이라

언어의 길을 뛰어넘었으니

모든 부처님께서 여기서 나셨으니

이 법은 생각하기 어렵도다.

이때에 원지광명당왕 보살이 부처님의 위신

력을 받들어 시방을 살펴보고 게송을 설하여

말씀하였다.

약능선관찰
若能善觀察

보리무진해
菩提無盡海하면

즉득이치념
則得離癡念하야

결정수지법
決定受持法이로다

약득결정심
若得決定心하면

즉능수묘행
則能修妙行하야

선적자사려
禪寂自思慮하야

영단제의혹
永斷諸疑惑이로다

기심불피권
其心不疲倦하며

역부무해태
亦復無懈怠하야

전전증진수
展轉增進修하야

구경제불법
究竟諸佛法이로다

만약 보리의 다함없는 바다를
능히 잘 관찰하면
곧 어리석은 생각을 여의어
결정코 법을 받아 지니리라.

만약 결정한 마음을 얻으면
곧 미묘한 행을 능히 닦아서
선정의 고요함으로 스스로 깊이 생각하여
모든 의혹을 길이 끊도다.

그 마음이 피곤하지 않으며
또한 게으름도 없어서
점점 더 닦아 나아가
모든 부처님 법을 끝까지 이루리라.

신지이성취
信智已成就하고

염념영증장
念念令增長하야

상락상관찰
常樂常觀察

무득무의법
無得無依法이로다

무량억천겁
無量億千劫의

소수공덕행
所修功德行을

일체실회향
一切悉迴向

제불소구도
諸佛所求道로다

수재어생사
雖在於生死나

이심무염착
而心無染著하고

안주제불법
安住諸佛法하야

상락여래행
常樂如來行이로다

믿음과 지혜를 이미 성취하였고
생각생각 더욱 늘어나게 하여
얻을 것 없고 의지할 것도 없는 법을
항상 즐겨하고 항상 관찰하도다.

한량없는 억천 겁 동안
닦은 바 공덕의 행을
모든 부처님께서 구하시던 도에
일체를 다 회향하리라.

비록 생사에 있으나
마음이 물들어 집착하지 않고
모든 부처님 법에 편안히 머물러
항상 여래의 행을 즐기도다.

세간지소유
世間之所有

온계등제법
蘊界等諸法을

일체개사리
一切皆捨離하고

전구불공덕
專求佛功德이로다

범부영망혹
凡夫嬰妄惑하야

어세상유전
於世常流轉일새

보살심무애
菩薩心無礙하야

구지영해탈
救之令解脫이로다

보살행난칭
菩薩行難稱이라

거세막능사
擧世莫能思니

변제일체고
徧除一切苦하고

보여군생락
普與羣生樂이로다

세간의 있는 바
온과 계 등 모든 법을
일체를 다 버리어 여의고
오로지 부처님의 공덕만 구하도다.

범부는 허망한 의혹에 얽히어
세상에 항상 유전하니
보살이 마음에 걸림이 없어
그들을 구원하여 해탈케 하도다.

보살행은 말하기 어려운지라
온 세상이 생각할 수 없으니
일체 괴로움을 두루 없애고
널리 군생들에게 즐거움을 주도다.

이 획 보 리 지
已獲菩提智하고

부 민 제 군 생
復愍諸羣生일새

광 명 조 세 간
光明照世間하야

도 탈 일 체 중
度脫一切衆이로다

이 시　파 일 체 장 용 맹 지 왕 보 살　승 불 신 력
爾時에 破一切障勇猛智王菩薩이 承佛神力하야

관 찰 시 방　　이 설 송 언
觀察十方하고 而說頌言하니라

무 량 억 천 겁
無量億千劫에

불 명 난 가 문
佛名難可聞이어든

황 부 득 친 근
況復得親近하야

영 단 제 의 혹
永斷諸疑惑가

보리의 지혜를 이미 얻었고

다시 모든 군생들을 가엾게 여기니

광명으로 세간을 비추어

일체 중생을 제도하여 해탈케 하도다.

이때에 파일체장용맹지왕 보살이 부처님의 위신력을 받들어 시방을 살펴보고 게송을 설하여 말씀하였다.

한량없는 억천 겁 동안

부처님 명호를 듣기 어려운데

하물며 다시 친근하여

모든 의혹을 영원히 끊으리오.

여래세간등
如來世間燈이

통달일체법
通達一切法하사

보생삼세복
普生三世福하야

영중실청정
令衆悉清淨이로다

여래묘색신
如來妙色身을

일체소흠탄
一切所欽歎이라

억겁상첨앙
億劫常瞻仰호대

기심무염족
其心無厭足이로다

약유제불자
若有諸佛子가

관불묘색신
觀佛妙色身하면

필사제유착
必捨諸有著하고

회향보리도
迴向菩提道로다

여래 세간의 등불이

일체 법을 통달하시고

널리 삼세의 복을 내시어

중생들을 모두 청정하게 하시도다.

여래의 미묘한 색신을

일체가 공경하고 칭찬하는 바이니

억 겁 동안 항상 우러러보아도

그 마음에 만족해 싫어함이 없도다.

만약 어떤 불자가

부처님의 미묘한 색신을 본다면

반드시 모든 존재의 집착을 버리고

보리의 길에 회향하리라.

여래묘색신
如來妙色身이

항연광대음
恒演廣大音하시니

변재무장애
辯才無障礙하야

개불보리문
開佛菩提門이로다

효오제중생
曉悟諸衆生이

무량부사의
無量不思議라

영입지혜문
令入智慧門하야

수이보리기
授以菩提記로다

여래출세간
如來出世間이

위세대복전
爲世大福田이라

보도제함식
普導諸含識하야

영기집복행
令其集福行이로다

여래의 미묘한 색신이

광대한 음성을 항상 내시니

변재가 장애 없어

부처님의 보리의 문을 열도다.

모든 중생들을 밝게 깨우치심이

한량없고 부사의함이라

지혜의 문에 들게 하여

보리의 수기를 주시도다.

여래께서 세간에 출현하시어

세상에 큰 복밭이 되시니

널리 모든 중생들을 인도하시어

그들이 복덕의 행을 모으게 하시도다.

약유공양불
若有供養佛이면

영제악도외
永除惡道畏하야

소멸일체고
消滅一切苦하고

성취지혜신
成就智慧身이로다

약견양족존
若見兩足尊하고

능발광대심
能發廣大心이면

시인항치불
是人恒値佛하야

증장지혜력
增長智慧力이로다

약견인중승
若見人中勝하고

결의향보리
決意向菩提하면

시인능자지
是人能自知

필당성정각
必當成正覺이로다

만약 어떤 이가 부처님께 공양올리면
악도의 두려움을 길이 없애고
일체 괴로움을 소멸하여
지혜의 몸을 성취하도다.

만약 양족존을 친견하고
광대한 마음을 능히 내면
이 사람은 항상 부처님을 만나
지혜의 힘을 증장하리라.

만약 인간 가운데 수승한 이를 보고
뜻을 결단하여 보리로 향하면
이 사람은 반드시 정각 이룰 것을
능히 스스로 알리라.

이시　　법계차별원지신통왕보살　　승불신
爾時에 法界差別願智神通王菩薩이 承佛神

력　　　관찰시방　　　이설송언
力하야 觀察十方하고 而說頌言하니라

석가무상존　　　　　구일체공덕
釋迦無上尊이　　　　具一切功德하시니

견자심청정　　　　　회향대지혜
見者心淸淨하야　　　迴向大智慧로다

여래대자비　　　　　출현어세간
如來大慈悲로　　　　出現於世間하사

보위제군생　　　　　전무상법륜
普爲諸羣生하야　　　轉無上法輪이로다

이때에 법계차별원지신통왕 보살이 부처님의 위신력을 받들어 시방을 살펴보고 게송을 설하여 말씀하였다.

석가 위없는 세존께서
일체 공덕을 갖추시니
보는 자가 마음이 청정하여
큰 지혜에 회향하도다.

여래께서 크신 자비로
세간에 출현하시어
널리 모든 군생들을 위하여
위없는 법륜을 굴리시도다.

여래무수겁
如來無數劫에

근고위중생
勤苦爲衆生하시니

운하제세간
云何諸世間이

능보대사은
能報大師恩이리오

영어무량겁
寧於無量劫에

수제악도고
受諸惡道苦언정

종불사여래
終不捨如來하고

이구어출리
而求於出離로다

영대제중생
寧代諸衆生하야

비수일체고
備受一切苦언정

종불사어불
終不捨於佛하고

이구득안락
而求得安樂이로다

여래께서 수없는 겁 동안
부지런히 고행하여 중생을 위하셨으니
어떻게 모든 세간들이
큰 스승의 은혜를 갚을 수 있으리오.

차라리 한량없는 겁 동안
모든 악도의 고통을 받을지언정
마침내 여래를 버리고
벗어나기를 구하지 않으리로다.

차라리 모든 중생들을 대신하여
일체 고통을 다 받을지언정
마침내 부처님을 버리고
안락 얻음을 구하지 않으리로다.

영재제악취
寧在諸惡趣하야

항득문불명
恒得聞佛名이언정

불원생선도
不願生善道하야

잠시불문불
暫時不聞佛이로다

영생제지옥
寧生諸地獄하야

일일무수겁
一一無數劫이언정

종불원리불
終不遠離佛하고

이구출악취
而求出惡趣로다

하고원구주
何故願久住

일체제악도
一切諸惡道오

이득견여래
以得見如來하야

증장지혜고
增長智慧故로다

차라리 모든 악도에 있으면서
항상 부처님 명호를 들을지언정
선한 길에 태어나 잠시라도
부처님 듣지 못함을 원하지 않으리로다.

차라리 모든 지옥에 태어나서
낱낱이 수없는 겁을 지낼지언정
마침내 부처님을 멀리 여의고
악도에서 벗어남을 구하지 않으리로다.

무슨 까닭으로 일체 모든 악도에
오래 머무르기를 원하는가?
여래를 친견하고
지혜를 더 늘리려는 까닭이로다.

약 득 견 어 불
若得見於佛하면

제 멸 일 체 고
除滅一切苦하고

능 입 제 여 래
能入諸如來

대 지 지 경 계
大智之境界로다

약 득 견 어 불
若得見於佛하면

사 리 일 체 장
捨離一切障하고

장 양 무 진 복
長養無盡福하야

성 취 보 리 도
成就菩提道로다

여 래 능 영 단
如來能永斷

일 체 중 생 의
一切衆生疑하고

수 기 심 소 락
隨其心所樂하야

보 개 령 만 족
普皆令滿足이로다

113

〈大方廣佛華嚴經 卷第六十〉

만약 부처님을 친견하면
일체 고통을 멸하여 없애고
능히 모든 여래의
큰 지혜 경계에 들어가리라.

만약 부처님을 친견하면
일체 장애를 버리어 여의고
다함없는 복덕을 길러서
보리도를 성취하리라.

여래께서는 능히
일체 중생의 의심을 길이 끊고
그 마음에 좋아하는 바를 따라서
널리 다 만족하게 하시도다.

〈대방광불화엄경 제60권〉

大方廣佛華嚴經

부록

•

대방광불화엄경 목차

•

간행사

대방광불화엄경
목차

간 행 사

　귀의삼보 하옵고,

　『대방광불화엄경』의 수지 독송과 유통을 발원하면서 수미정사 불전연구원에서 『독송본 한문·한글역 대방광불화엄경』과 『사경본 한글역 대방광불화엄경』을 편찬하여 간행하게 되었습니다.

　『화엄경』은 우리나라에 전래된 이래 일찍부터 사경되고 주석·강설되어 왔으며 근현대에 이르러서는 『화엄경』의 한글 번역과 연구도 부쩍 많이 이루어졌습니다. 그만큼 『화엄경』이 우리 불자님들의 신행과 해탈에 큰 의지처가 되었던 것임을 알 수 있습니다.

　『화엄경』을 독송하고 사경하는 공덕은 설법 공덕과 함께 크게 강조되어 왔습니다. 그리하여 수미정사 불전연구원에서도 『화엄경』(80권)을 독송하고 사경하는 데 도움이 되도록 한문 원문과 한글역을 함께 수록한 독송본과 한글역의 사경본 『화엄경』 간행불사를 발원하였습니다. 이 『화엄경』 간행불사에 뜻을 같이하여 적극 후원해주신 스님들과 재가 불자님들께 깊이 감사드립니다. 또한 『화엄경』을 수지 독송할 수 있도록 경책의 모습으로 장엄해 주신 편집위원들과 담앤북스 출판사 관계자들께도 고마움을 표합니다.

　끝으로 이 불사의 원만 회향으로 『화엄경』이 널리 유통되고, 온 법계에 부처님의 가피가 충만하시길 기원드립니다.

　나무 대방광불화엄경

불기 2564년 '부처님오신날'을 봉축하며
수미해주 합장

위태천신(동진보살)

수미해주 須彌海住

호거산 운문사에서 성관 스님을 은사로 출가, 석암 대화상을 계사로 사미니계 수계, 월하 전계사를
계사로 비구니계 수계, 계룡산 동학사 전문강원 졸업, 동국대학교 불교대학 및 동 대학원 졸업, 철
학박사, 가산지관 대종사에게서 전강, 동국대학교 불교대학 교수, 동학승가대학 학장 및 화엄학림
학림장, 중앙승가대학교 법인이사 역임.
(현) 수미정사 주지, 동국대학교 명예교수.
저·역서로『의상화엄사상사연구』,『화엄의 세계』,『정선 원효』,『정선 화엄1』,『정선 지눌』,『법계도기
총수록』,『해주스님의 법성게 강설』등 다수.

독송본 한문·한글역
대방광불화엄경 제60권

| **초판 1쇄 발행_** 2025년 9월 24일

| **엮 은 이_** 수미해주
| **엮 은 곳_** 수미정사 불전연구원
| **편집위원_** 해주 수정 경진 선초 정천 석도 박보람 최원섭
| **편 집 보_** 무이 무진 지욱 혜명

| **펴 낸 이_** 오세룡
| **펴 낸 곳_** 담앤북스
　　　　　서울특별시 종로구 새문안로3길 23 경희궁의 아침 4단지 805호
　　　　　대표전화 02)765-1251　전자우편 dhamenbooks@naver.com
　　　　　출판등록 제300-2011-115호
| **ISBN_** 979-11-6201-912-2　04220